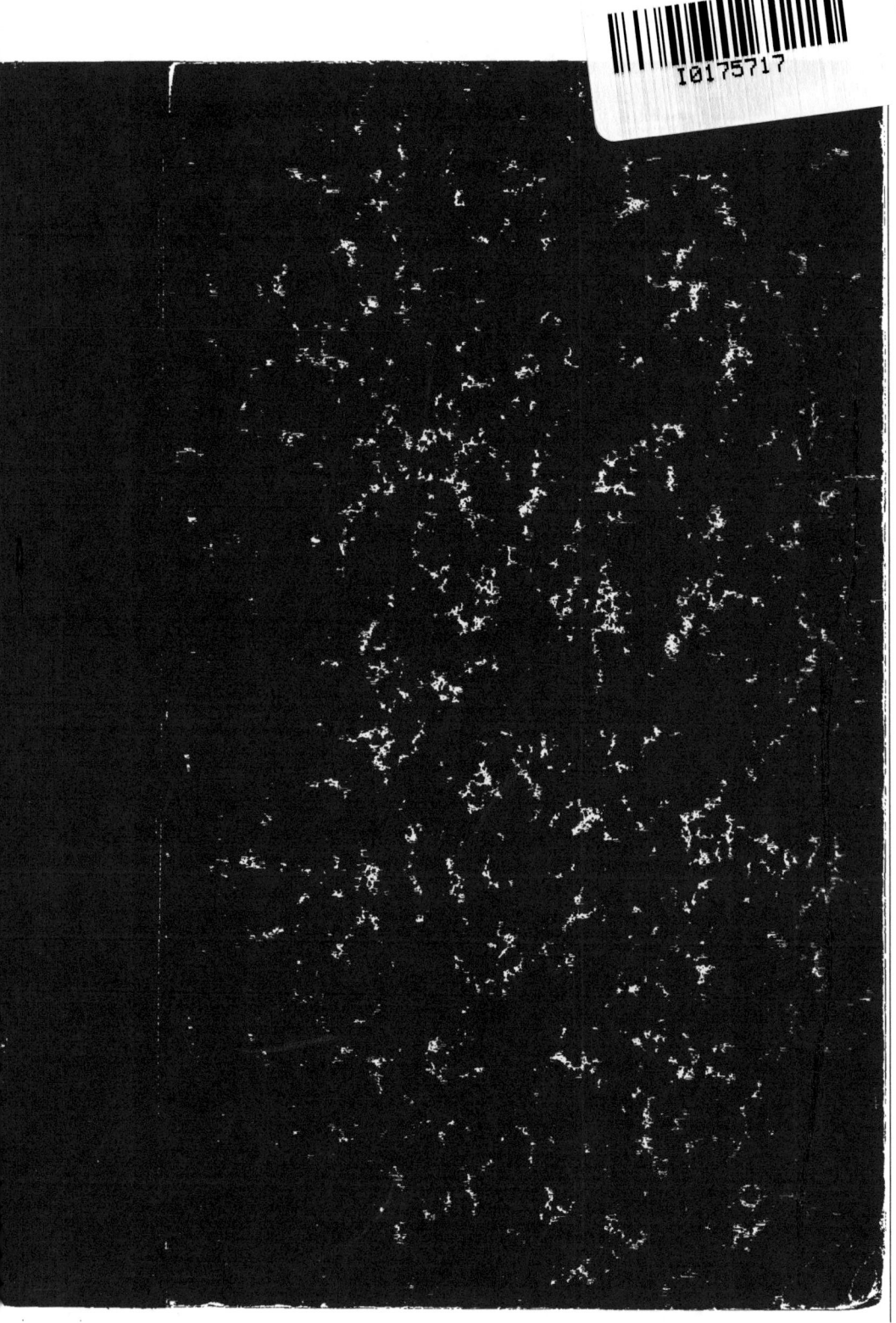

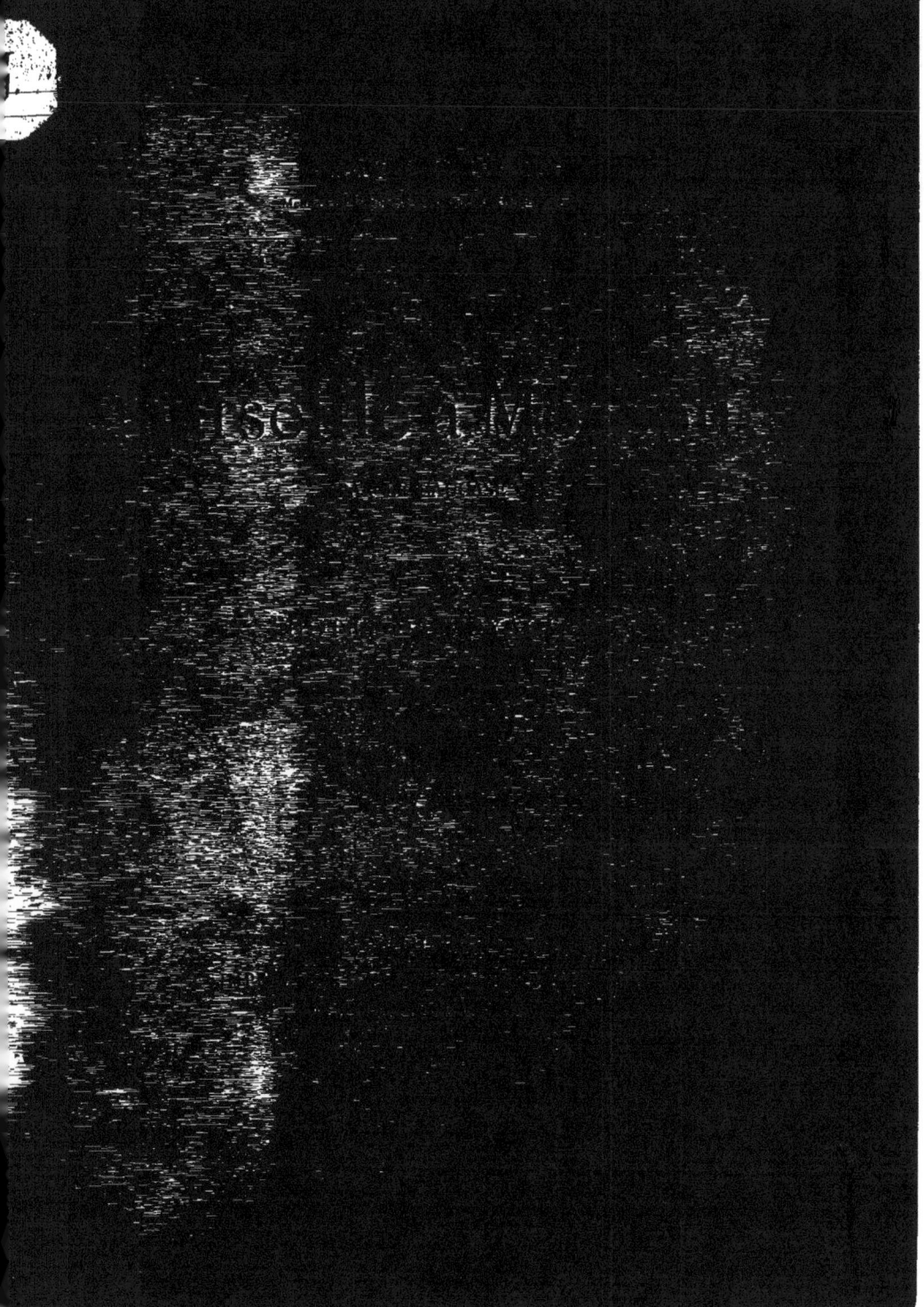

A

Madame Arsène HENRY

RESPECTUEUX HOMMAGE

FRANCIS DROUET

Membre de la Société normande de Géographie

DE

Marseille à Moscou

PAR LE CAUCASE

NOTES DE VOYAGE

ROUEN

IMPRIMERIE DE ESPÉRANCE CAGNIARD

Rues Jeanne-Darc, 88, et des Basnage, 5

1893

DE

MARSEILLE A CONSTANTINOPLE

PAR SYRA & SMYRNE

JOURNAL DE ROUTE

I

DE MARSEILLE A SYRA

Samedi, 23 mai 1891.

Par une pluie d'orage, je me rends au port pour m'embarquer à bord du paquebot *Jaguar*, commandé par le capitaine Néli. Le *Jaguar*, comme presque tous les navires mouillés dans le port de Marseille, présente sa poupe au quai mais en est séparé par quelques brasses qui obligent le passager à se servir d'une embarcation que vingt bateliers lui proposent avec des cris et des gestes qu'il trouve plus curieux et plus amusants les uns que les autres, s'il est en bonne humeur.

Contre le soleil ou la pluie, l'embarcation est protégée par une petite tente sous laquelle le passager se place, non sans un peu de difficulté, et la barque glisse jusqu'à l'escalier de tribord. Pendant ces quelques instants, on fait connaissance avec le batelier de la Méditerranée, véritable type, toujours le même, que l'on sera appelé à retrouver dans tous les ports de l'Archipel et du Levant.

Le capitaine Néli, que je vais saluer, me fait un très courtois accueil, et ce premier entretien m'en fait espérer d'autres non moins agréables, lorsque la mer sera clémente, car en ce moment, elle est mauvaise et ne nous fait rien augurer de bon pour la première nuit. Le sifflet a jeté ses notes stridentes dans l'air. La cloche du maître d'hôtel a signifié aux amis des passagers que l'instant de la séparation était venu. Les amares sont larguées. Il est quatre heures trente. Notre beau paquebot, mû par une impulsion invisible, se dirige avec aisance vers la pleine mer. Les derniers saluts sont échangés. Marseille, si pittoresque sous les rayons d'un soleil ardent, disparaît presque immédiatement derrière l'écran liquide que forme une pluie fine.

Nous mettons le cap sur la Corse. Nos trois couleurs sont amenées. On se promène sur le pont avec des attitudes d'équilibriste et l'on observe avec curiosité les passagers dont on va être le commensal pendant quelques jours.

On sonne le dîner à six heures. Une vingtaine de personnes prennent place à table, mais, bien avant la fin du repas, la plupart des dîneurs sont allés se recueillir dans leurs cabines et faire des réflexions sur le double mouvement oscillatoire du navire.

Dimanche, 24 mai.

Singulier contraste : le soleil brille dans le ciel bleu, et la mer, qui a une teinte d'indigo, se soulève en collines aux crêtes écumeuses. Nous avons passé une fort mauvaise nuit et un roulis épouvantable déplaçait avec fracas tout ce qui n'était pas solidement fixé. La bibliothèque a été ouverte par la pression violente des livres qui ont fait une promenade autour du salon. Des glaces de vitrage ont été brisées par suite des secousses des portes. La nuit a été très fatigante, mais le navire admirablement construit a des mouvements très doux, néanmoins la manière dont il s'inclinait par bâbord et tribord aurait été inquiétante, si le commandant ne nous avait donné l'assurance qu'aucun danger n'était à redouter. D'ailleurs, le *livre de loch*, gardé sur la passerelle et sur lequel les officiers inscrivent tout ce qui se rapporte à la marche du navire ou aux observations qui sont faites pendant la traversée, porte, de quatre heures à minuit, cette indication qui se passe de commentaires : « grosse houle du S.-O., le navire roule et fatigue. » Cette courte phrase en dit beaucoup pour les gens habitués à la mer. De minuit à quatre heures, on lit : « mer grosse du S.-O., le navire roule et fatigue », et de quatre heures à huit heures : « grosse mer, roulis violent, le navire fatigue beaucoup. »

A huit heures, nous apercevons les côtes S.-O. de la Corse et notamment les îles Sanguinaires. Ces îles forment des masses rocheuses d'aspect rougeâtre ayant une certaine élévation. Elles sont placées à l'entrée de la baie d'Ajaccio. C'est au milieu de ces rochers, battus par les flots, que le prince Jérôme-Napoléon avait témoigné le désir de reposer après sa mort, mais les circonstances n'ont pas permis de remplir ses intentions.

Nous continuons à voir les côtes baignées d'un peu de brume, et à dix heures et demie, le navire se trouve par le travers de Bonifacio que nous distinguons fort peu. Une heure plus tard, nous passons dans un endroit de douloureuse mémoire. Nous avons à bâbord l'île Lavezzi et à tribord la tourelle peinte indicative de l'écueil sur lequel se perdit, en 1854, la frégate *la Sémillante*, qui se rendait en Crimée et était montée par un millier d'hommes. Ce qu'on appelle la tourelle est une sorte de cylindre de maçonnerie édifié sur l'écueil même. Cette tour peut avoir dix mètres de hauteur sur six de largeur. Elle est peinte en rouge et en noir par bandes alternées. Il n'y a point de feu sur la tourelle, mais un phare, placé sur l'île Lavezzi, indique aux navigateurs le chemin qu'ils doivent suivre pour éviter le redoutable écueil.

Dans l'île Lavezzi on distingue facilement un monument funéraire important qui fut édifié sur les rochers à la mémoire des naufragés de la *Sémillante*. Tout à côté, on voit une petite chapelle couverte en tuiles rouges attenante à un mur construit en carré, entourant le champ de repos des braves dont les corps furent rejetés à la côte. Ce n'est pas sans un sentiment de profonde tristesse que l'on évoque ce douloureux souvenir.

Nous apercevons ensuite les îles Budelli et Santa-Maria et l'île de la Sardaigne dans un estompement. Puis un peu plus tard l'île de Caprera où reposent les cendres de Garibaldi.

Vers dix heures et demie, nous voyons par bâbord une division française composée de trois cuirassés qui doivent revenir de Grèce et aller à Toulon. Le *Jaguar* hisse son pavillon. Les cuirassés arborent le leur. Le *Jaguar* salue trois fois et les cuirassés une fois selon les règlements. Les navires sont à cinq milles environ de distance.

Lundi, 25 mai.

Vers huit heures, nous distinguons, dans une brume légère, les îles Félicudi et Alicudi, dépendantes du groupe des Lipari. Par bâbord, nous laissons l'île de Salima. Les versants de cette île sont très boisés et l'on remarque beaucoup de cultures qui paraissent soignées. Vers le centre du versant se trouvent de nombreuses petites maisons séparées l'une de l'autre, entourées de terres cultivées, formant une sorte de village au centre duquel s'élève une église construite avec la même pierre grise qui a été employée dans les autres constructions.

Par rapport à la position du navire, à l'est est établi un sémaphore, et à l'ouest, un phare. A l'est, on remarque une arche calcaire, qui a beaucoup d'analogie avec celle que l'on peut observer à Etretat, cette petite plage d'artistes que possède la côte normande dans le département de la Seine-Inférieure.

Par bâbord, nous voyons l'île désignée sous le nom de grande Lipari ; puis l'île de Vulcano, d'où s'élève à mi-côte la fumée des volcans. A bâbord, nous laissons l'île Stromboli sur le sommet de laquelle s'étend un panache de fumée volcanique, et un peu plus loin, dans un voile léger de brume, l'île de Panaria.

Vers deux heures, par un très beau temps et une mer houleuse, nous entrons dans le détroit de Messine. Avant d'en franchir la passe, on croirait le détroit presque fermé par la pointe du Faro. Aussi, le commandant Néli dirige le *Jaguar* vers Scilla pour virer brusquement ensuite. Le temps est splendide et le soleil éclaire le détroit d'une manière fort heureuse. Nous avons à tribord le cap Faro que signale un phare. Nous passons entre Charybde et Scylla, et droit à l'avant se trouve le petit village de Scylla assis sur le bord du rivage et d'aspect assez gai.

Aussitôt que le *Jaguar* est engagé dans le détroit de Messine, on aperçoit le village du Faro qui montre ses petites maisons jaunâtres que précède une grève occupée par quelques barques de pêche. Un petit fortin est placé près du phare.

La côte italienne est extrêmement habitée et le versant de la montagne offre beaucoup d'intérêt en raison du grand nombre de gentilles habitations qui ont été élevées dans cette partie rendue très gaie par le passage incessant de nombreux navires. D'importantes usines ont de hautes cheminées desquelles s'élève un panache de fumée noire.

Sur le rivage, s'adossant aux collines, se succèdent de petits villages très riants entourés de villas ceintes de verdure. Nous remarquons ceux de Catinello, Pezzo, Azarello, La Catona, Gallico.

Nous apercevons la ligne du chemin de fer du sud de l'Italie, sur laquelle court un train de moyenne vitesse, s'arrêtant aux différentes stations. L'allure de notre navire nous permet de le suivre assez longtemps.

Sur toute la côte, les maisons sont peintes de couleurs claires et tendres qui s'illuminent sous le soleil.

A gauche et à droite du détroit, les premiers plans des collines sont élevés et herbeux. En arrière, s'élèvent de hautes montagnes très mouvementées dont les cimes se perdent au milieu de noirs nuages.

A trois heures et demie, nous sommes en face de Reggio, ville très importante, mais dont l'ensemble des constructions a un aspect terne. C'est de cette ville que les voyageurs, qui veulent éviter la traversée de Naples à Palerme, vont s'embarquer pour Messine, où ils arrivent en une demi-heure. De cette ville, un chemin de fer les conduit dans toute la Sicile.

Par tribord, Messine s'étend dans un long espace de terrain, bien qu'elle ait tenté de grimper dans la montagne. Au premier plan, on remarque un fort assez important qui doit être déclassé à présent. Les maisons paraissent hautes et uniformes, mais de jolies villas égayent les côteaux. Le soleil éclaire admirablement la côte calabraise et donne lieu à des effets d'ombre et de lumière qui, en raison de la disposition des montagnes, ne sont pas sans leur donner un air de grandeur. Par contre, la côte sicilienne ne se montre pas à nous à son avantage, car elle reçoit si fâcheusement la lumière, que nous pouvons à peine distinguer les détails du rivage.

A bâbord (côte italienne), nous apercevons de grands torrents à sec, formant de roides pentes.

Après Reggio, on voit le petit village de la Conzolatione et le cap de l'Armi. C'est entre ce dernier et le petit village de Melito que Garibaldi débarqua en 1860.

Voici le cap Spartivento qui est le dernier point de reconnaissance avant l'île de Sapience que l'on voit dans l'éloignement, puis le cap Matapan dont, à huit heures, nous apercevons le phare à éclat rouge.

Mardi, 26 mai.

La journée a été très belle. Quelques marsouins sont venus prendre leurs ébats autour du bateau, et nous avons aperçu un steamer à l'horizon. Deux hirondelles épuisées de fatigue se sont posées sur notre navire.

Le beau temps et la douceur de la température nous ont permis de jouer aux cartes sur le pont. Les repas sont toujours très gais, car l'on fait vite connaissance à bord, et chaque soir, à huit heures et demie, le thé réunit les passagers.

Combien sont agréables ces heures passées loin de la terre, et comme les attentions et les prévenances des officiers, dont on est les véritables hôtes, vous la feraient vite oublier, si la pensée ne se reportait vers les amis.

Mercredi, 27 mai.

Hier soir, à dix heures, nous sommes passés entre la Grèce et l'île de Cérigo, l'ancienne Cythère, qui ne donne plus aujourd'hui le désir d'y faire un séjour, mais qui fournit toujours aux passagers l'occasion de piquantes réflexions; celles d'hier se faisaient en prenant agréablement le thé en charmante compagnie.

Ce matin, à sept heures, nous sommes dans l'Archipel et laissons à bâbord l'île de Serpho et le rocher assez élevé de Boidi, non habité, et, à tribord l'île de Siphano.

Dans l'île de Serpho, nous voyons sur un mamelon un pittoresque petit village qui m'a rappelé ceux de la Grande-Kabylie. De petites maisons de pierre couvrent le sommet et les versants d'un mamelon. Au pied de la colline, la nature a ménagé une petite baie où se trouve actuellement un vapeur anglais qui charge du minerai. L'aspect de la colline est d'un brun rougeâtre. Elle paraît aride et dépourvue de végétation arborescente, sauf dans quelques vallées de torrent où l'humidité étant plus grande, quelques arbres ont pu se développer.

Le temps est très beau, un peu frais, et la traversée de l'Archipel offre beaucoup d'intérêt, car le spectacle change à chaque heure. Lorsque l'on voyage uniquement pour son agrément sans avoir ni soucis d'affaires, ni préoccupations d'aucune sorte, on éprouve réellement un grand plaisir à se trouver sur un magnifique navire très bien tenu, et à se promener pour ainsi dire au milieu de ces îles nombreuses qui rappellent par leur situation les fiords norwégiens, et auxquelles la mer fait une ceinture d'azur relevée d'un feston d'argent.

Droit à l'avant du *Jaguar*, Syra se présente à nous. Quelques encâblures encore, et nous y arrivons. Près du port, nous passons entre un promontoire de l'île de Syra à bâbord et l'île de Guidaro.

II

SYRA

En regardant Syra, le lazaret avec ses dépendances est installé à l'ouest. A côté et sur le rivage sont placés des chantiers de construction de navires de la Compagnie Hellénique. En arrière, se dresse une colline où sont de nombreuses villas qui gagneraient beaucoup à être entourées d'un peu plus de verdure. Un premier triangle assez important de maisons est formé vers le sommet du mamelon et séparé par des terrains vagues, très en pente, des constructions proprement dites qui composent la grande agglomération. C'est le vieux Syra.

Toute la ville est bâtie en amphithéâtre et toutes les maisons s'élèvent en retrait les unes des autres, cherchant la vue de la mer. Elles sont peintes au lait de chaux teinté diversement et réjouissent les yeux par leur aspect gai.

Syra, comme toutes les villes de l'Orient, demande à être éclairé par un beau soleil qui anime toutes les teintes délicates dont sont revêtues les constructions. On a souvent mis en parallèle Syra et Alger, à raison de leur position. Il y a certes une grande analogie entre la disposition des deux villes, mais elles ont leur charme particulier.

Syra est plus petite, plus gentille, plus gracieuse, et ce qui entre pour beaucoup dans l'impression agréable que l'on ressent, lorsqu'on la contemple, c'est que toutes les maisons sont percées de baies nombreuses, alors que la ville arabe d'Alger offre surtout un entassement de blocs cubiques énormes, d'une blancheur sans pareille mais un peu triste, ne décelant pas la vie qui existe en eux, tandis que toutes les ouvertures des constructions de Syra ressemblent, du pont du bateau, à des alvéoles.

Tout à fait au sommet du triangle, et sur un mamelon, on a élevé une grande église qui n'est pas encore consacrée au culte. C'est un édifice imposant qui se détache parfaitement sur le fond des collines. Elle est séparée par un certain espace des dernières habitations, et je ne puis m'empêcher de penser qu'il faudra beaucoup de piété aux fidèles pour s'y rendre.

A l'ouest de la cité, quelques moulins à farine de forme cylindrique, mus par le vent, sont édifiés sur des rochers et offrent en cet endroit un aspect assez pittoresque.

Maintenant, je vais profiter de l'escale qui dure quelques heures pour me rendre à terre.

Deux voies principales sollicitent le touriste ; l'une parallèle au quai, l'autre, perpendiculaire à ce dernier, conduit à une grande place plantée d'arbres chétifs et entourée de cafés et d'hôtels. La musique militaire s'y fait entendre dans un kiosque placé au centre. Sur le côté, faisant face à la mer, on construit un superbe édifice qui sera le palais du gouvernement. La déclivité du terrain étant très forte en cet endroit, un grand perron de marbre blanc permettra d'accéder au palais.

Vers le centre de la ville se trouve la cathédrale Saint-Nicolas précédée d'un narthex formé de colonnes ioniques auquel on arrive par un bel escalier de marbre blanc. Une petite place a été ménagée devant la cathédrale. Au milieu, sur un socle assez haut, on a placé dans la position du repos, un lion de marbre blanc dont la tête appuyée sur les pattes allongées exprime la souffrance et la tristesse. Autour de cette place on a planté quelques acacias, mais le sol est si pauvre que leur vie est à peine entretenue.

Les quais sont vivants, à raison du nombre important de bateaux qui fréquentent le port. Les rues de la ville sont dallées et tenues convenablement, mais la gaîté n'est pas dans l'air et rien n'indique une grande aisance. Les habitants sont presque tous habillés à l'européenne. Toutefois l'on voit quelques costumes grecs et albanais qui ne sont pas sans captiver quelques instants l'attention. Les prêtres du culte grec orthodoxe ont, comme tenue de ville, une sorte de toge et une coiffure de juge, le tout de couleur noire.

Syra ne paraît point riche en végétation et l'aspect général n'est point fait pour laisser supposer une grande production de fruits et de légumes. Les apparences, dans cette circonstance, comme dans beaucoup d'autres, sont trompeuses, et une fois de plus nous nous en apercevons en rentrant à bord. Les chalands qui apportent les marchandises destinées à notre navire sont chargés de paniers de légumes et de fruits à destination de Constantinople et d'Odessa. Le versant opposé de la colline est très cultivé, et l'on fait de Syra de grandes exportations de légumes très appréciés.

Nous quittons Syra à quatre heures quinze par un très beau temps et une mer calme.

III

SMYRNE

Jeudi, 28 mai.

Nous arrivons à Smyrne à huit heures du matin, après avoir fait une excellente traversée.

La navigation dans le golfe de Smyrne est très intéressante et la vue dont on jouit est très belle. On se croirait sur un lac ceint de montagnes. Nous laissons à tribord la presqu'île de Kara-Bouroum et l'île de Chustan un peu plus loin, puis celle de Kilsali. La côte est légèrement embrumée, et le soleil, quand nous approchons de Smyrne, se lève lentement derrière les collines du mont Pagos, apportant au réveil de la nature une lumière d'or et de pourpre.

La ville, avec ses faubourgs, s'étend sur un développement très important dans toute la courbe formée par le golfe, et s'échelonne sur les premières pentes des collines. Dans la ville proprement dite, les habitations sont très agglomérées, mais sur les pentes elles se disséminent dans des bosquets de verdure. Des massifs de cyprès prennent place entre les maisons de campagne, et, du pont du *Jaguar*, paraissent presque noirs.

Au sommet du mont Pagos, des murailles délabrées qui furent construites, paraît-il, par Raymond, comte de Toulouse, font penser aux cités fortifiées du moyen âge.

Les habitations sont généralement ouvertes de tuiles roses, mais, dans les environs de la ville, un certain nombre de toitures sont en tuiles brunes.

A l'est de Smyrne et sur le flanc d'une colline s'étendent des constructions basses d'un type uniforme que l'on pourrait comparer à celui des cités ouvrières. Renseignements pris, ces rangées parallèles de petites maisons ont été construites en 1888 et donnent asile à des mohadjins ou émigrés musulmans de Bosnie, d'Herségovine et de Bulgarie.

Le port de Smyrne est très sûr et très bon, mais trop petit pour le mouvement incessant de navires qui le visitent et embarquent les productions de l'Asie-Mineure. Les manœuvres y sont difficiles et demandent de la part des marins une grande sûreté de coup d'œil, et beaucoup de précision et de mesure dans les évolutions qu'ils ont à faire subir à leurs navires.

Bien que le *Jaguar* soit mouillé à quelques mètres du quai, nous sommes obligés de prendre une embarcation qui nous conduit au débarcadère du bureau des passe-ports, la production de ces derniers n'est pas absolument exigée, et l'exhibition d'une carte de visite suffit généralement pour avoir l'autorisation de se rendre dans la ville.

Nous voilà sur les quais où règne beaucoup d'animation en raison du grand commerce qui se fait à Smyrne. De hautes maisons s'élèvent en face de la mer. Leurs rez-de-chaussée sont occupés par des magasins et des cafés à la terrasse desquels de nombreux indigènes vêtus de pittoresques costumes, fument avec gravité leur narghilé posé à terre, dont le long tuyau annelé est terminé par un bouquin d'ambre.

Voici un superbe costume oriental qui appelle l'attention. L'on nous dit que c'est un cavas du Consulat de Grèce. Il est d'usage en Orient dans les ambassades et les consulats, d'avoir des employés qui correspondent à nos huissiers de ministère et de préfecture. Ils ont en général de brillants costumes, et sont armés de sabres, poignards et pistolets. Les cavas sont à la disposition de l'ambassade ou du consulat pour faire les courses administratives ou pour accompagner les fonctionnaires qu'ils pourraient défendre au besoin contre des attaques inopinées.

Celui que nous rencontrons est un albanais dont le costume bleu clair est d'une grande richesse, en raison des broderies d'argent qui ornent la veste ronde et le gilet. La jupe courte qui n'arrive qu'aux genoux, est formée de plis nombreux et réguliers et caractérise à elle seule le costume. Cette partie du vêtement porte le nom de fustanelle. Les chaussures très soignées sont brodées d'argent, et la pointe fortement relevée est terminée par une houppe de soie. Des cartouchières et des pistolets d'argent brillent à sa ceinture. Ce cavas marche d'un pas mesuré et est tout à fait pénétré de son importance.

Nous voilà au Consulat de France qui est une belle propriété nationale. Un grand jardin est attenant à l'habitation. Le Consulat possède, en outre, un petit parc tout entouré de grilles, placé juste en face de l'entrée principale, mais il en est séparé par la rue et il s'étend jusqu'au quai. Les cavas de notre Consulat sont de beaux hommes portant fièrement leur costume officiel, bleu gendarme, soutaché de noir, et ont à leur ceinture les traditionnels pistolets.

C'est aujourd'hui la Fête-Dieu, ce qui nous donne l'occasion de voir une cérémonie religieuse en Orient. L'évêque est de nationalité autrichienne et le pavillon national flotte au-dessus du palais épiscopal et le rend inviolable. Dans la cour de l'évêché, qui précède l'église, l'on a dressé un reposoir et tendu les murs de pavillons de tous les pays. L'effet en est assez curieux, et l'on constate que les couleurs papales sont voisines du Croissant islamique. Plus l'on va du nord au sud, plus l'on peut constater ce goût douteux des couleurs voyantes qui existent dans toutes les choses se rapportant au culte. Le midi de la France, l'Italie, l'Espagne et l'Algérie sont là pour en témoigner. L'on est pieux en Orient, mais la piété y est démonstrative et non recueillie comme dans les pays du Nord et elle n'inspire pas autant de respect. Une foule considérable se presse dans l'église dont le chœur est éclairé par un brillant luminaire que tamise la fumée de l'encens s'élevant vers les voûtes.

Nous sortons de l'église et parcourons la ville peu intéressante par elle-même. Les rues ont un pavé très défectueux, et la voirie laisse beaucoup à désirer. Le bazar n'est pas beau et est très mal tenu au point de vue de l'hygiène. Nous y avons rencontré une dizaine de chameaux chargés de denrées qui arrivaient et se suivaient à la file indienne, attachés les uns aux autres par des cordes.

Nous nous dirigeons vers le port et regagnons notre bateau du pont duquel nous pouvons jouir du mouvement général très intéressant, car Smyrne ne retient pas le touriste qui n'y trouve point de curiosités pouvant l'intéresser.

Dès l'arrivée du navire dans le port de Smyrne, des embarcations remplies de passagers étaient venues se ranger tout alentour. Les escaliers à peine descendus avaient été envahis par tous les gens désireux de se rendre à Constantinople. A notre retour, nous trouvons le pont encombré de plus de quatre cents passagers. Le salon est occupé par des Smyrniotes et des Turcs. Nous avons même à bord un pacha qui désirerait voir flotter le pavillon turc au grand mât, mais on ne lui accorde pas cet honneur. Il n'a pas même la consolation du mât de misaine, car c'est au mât d'artimon que l'on hisse le pavillon ottoman. Le pacha a été honoré par le sultan, d'une de ses femmes qui voyage avec lui. Actuellement, elle est vêtue à l'européenne, et son visage est dissimulé sous un voile bien léger qu'elle s'empresse de soulever toutes les fois qu'elle peut le faire sans s'exposer à la jalousie de son maître. Elle nous permet ainsi de voir son joli visage, qu'animent de beaux yeux noirs. Le sultan, en bon et prévoyant souverain, a fait inscrire au Grand-Livre de l'Empire une rente destinée aux heureux fonctionnaires qu'il gratifie de ses épouses.

Cet excellent pacha n'est pas monogame, car il manquerait à tous ses devoirs et il voyage avec quatorze femmes de catégories diverses. Sauf quelques-unes qui ont l'accès du salon, les autres doivent se contenter du pont jusqu'à Constantinople. Toutefois, à titre tout à fait exceptionnel, et par une mesure bienveillante du commandant, il leur a été permis de s'installer tout à fait à l'arrière, près du gouvernail, afin qu'elles soient un peu isolées de l'épouvantable promiscuité des passagers du pont.

IV

DE SMYRNE A CONSTANTINOPLE

Nous quittons Smyrne à deux heures. Par tribord s'étendent des rives plates où l'on remarque des salines importantes. Assez près du rivage, et sur une longueur de plusieurs kilomètres, avec des espacements entre eux, se dressent des cylindres de sel terminés en cône. Il paraît que, par un procédé, la partie conique est durcie, forme toit, ne laisse pas pénétrer l'eau et protège le reste.

Smyrne diminue peu à peu à nos yeux. Les collines qui l'enceignent offrent, sous la clarté du soleil, des différences de teintes intéressantes à observer. Au fur et à mesure que le navire s'éloigne, la base des collines se rapproche de la mer au point d'y plonger un moment.

Nous passons devant « Le Château », ce qui, aujourd'hui, n'est plus qu'une désignation, mais où devait s'élever autrefois un château-fort. Une batterie rasante du dernier système y est installée et la mer en bat le pied. Le drapeau turc qui flotte à l'extrémité d'un mât près des ouvrages militaires salue le drapeau national ottoman placé au mât d'artimon, et le *Jaguar* répond immédiatement à ce salut.

Par bâbord, les plaines sont très cultivées et très verdoyantes. On voit de grandes oliveraies et des vignobles importants au milieu desquels se détache un petit village.

A sept heures, nous passons en vue de l'île de Métclin, l'ancienne Lesbos, d'apparence très calme, mais qui, comme Cythère, fait évoquer de gais souvenirs. Dans la soirée, nous laissons l'île de Ténédos à bâbord et marchons entre le feu de Gadaro et l'île du même nom, car en dehors de cette passe, de nombreux récifs rendent la navigation très dangereuse.

Depuis Syra, nous avons un interprète de langues orientales dont la mission est de régler les différends qui pourraient s'élever entre les nombreux passagers indigènes qui vont de Smyrne à Constantinople. Cet interprète a pensé qu'il pourrait adoucir les mœurs de toutes ces gens en leur vendant du café turc et il a obtenu de la Compagnie des Messageries maritimes l'autorisation de transporter à bord une sorte de pavillon où tout son matériel est installé. Sur la porte est fixée une plaque de cuivre portant cette inscription :

CAFÉ TURC

DÉMÉTRIUS COLLIDÉS

Voilà qui ne manque pas de saveur. Cet interprète est embarqué à Syra et débarqué dans cet île lorsque le navire revient à Marseille.

Vendredi, 29 mai.

A deux heures et demie du matin, nous sommes aux Dardanelles. Là, il ne faut pas plaisanter, car si l'on essayait de passer sans faire viser les papiers du bord, la poudre parlerait. L'on tirerait en premier lieu à blanc, et l'on enverrait ensuite la note de la poudre brûlée pour cet avertissement.

Du pont, nous ne pouvons rien apercevoir en raison de l'obscurité de la nuit. La plaine de Troie vient toucher le fort des Dardanelles. Deux petits villages s'élèvent sur les rives du détroit et nous regrettons vivement de ne pouvoir les distinguer.

La navigation dans la mer de Marmara est peu intéressante et permet, pendant la matinée, les causeries et les jeux.

Nous approchons de Constantinople, la ville tant désirée, tant rêvée, que l'on entrevoit toujours dans un conte des mille et une nuits comme une chose fabuleuse. Le temps est heureusement splendide.

Vers une heure et demie, nous voyons le village de San-Stefano par bâbord; puis celui de Makrikeuï sur la même rive. Ces deux petits villages sont entourés d'arbres et une plaine immense s'étend alentour. On y vient prendre des bains et l'on y chasse des cailles très nombreuses, paraît-il. Un haut phare signale San-Stefano où fut signé, en 1878, le traité qui mit fin à la guerre des Balkans.

Des vols d'oiseaux noirs passent et repassent à l'avant du navire. Désireux de savoir quels sont ces oiseaux, nous nous adressons à notre commandant qui, au point de vue ornithologique, ne nous renseigne pas, mais en retour, il nous fait connaître la légende qui les concerne. Ces oiseaux noirs, toujours dans les airs, renferment, nous dit-il, les âmes des capitaines qui n'ont pas traité avec douceur leurs matelots. Comme punition, ils sont condamnés après leur mort à errer sans se reposer sous la forme de ces oiseaux appelés « âmes en peine ».

C'est par une atmosphère claire et un soleil couchant diaprant l'horizon que nous apercevons les hauts minarets de Constantinople qui s'élèvent vers le ciel comme des fuselés monolithes et donnent à cette cité des mille et une nuits une originalité si attirante, si attachante. Mais avant de fixer nos yeux sur cette ville de l'Islam, dont le nom chante si agréablement aux oreilles du voyageur, et qui possède en lui-même une sorte de prestige, faisons le tour du pont du *Jaguar*, actuellement couvert de passagers. Toutes ces gens, qui, pour le moment, font tous leurs préparatifs en vue de l'arrivée, étaient déjà montés dans de nombreuses barques, alors que le *Jaguar* pénétrait dans le port de Smyrne. Aussitôt que l'ancre fut mouillée, les embarcations accostèrent le navire, et tous leurs passagers, hommes, femmes et enfants escaladèrent le bastingage comme ils purent, dans le but de choisir leur place et de ne pas manquer le paquebot.

Ces barques offraient un aspect curieux au plus haut degré, toutes ces gens étant revêtus de ces costumes orientaux si typiques avec leurs couleurs que le soleil rend plus lumineuses encore. Ces passagers, plus ou moins en guenilles, avaient avec eux des ballots et des paquets bizarres qu'enveloppaient des tapis de Smyrne et des étoffes de Karamanie et du Diarkébir que retenaient des cordes et des attaches sans nom.

Parmi ces passagers si enthousiastes, il y avait beaucoup de Turcs, mais aussi des Levantins, des Grecs, des Juifs, des paysans russes, même des nègres, des Persans, des Arméniens, des Egyptiens et un grand nombre d'élèves en uniforme des écoles du gouvernement, des soldats de toutes armes ainsi que des officiers.

Le pont se recouvrit bien vite de tapis de Perse, de Smyrne et de Karamanie qui étaient dans un état plus ou moins bon de conservation, mais les dispositions curieuses des dessins et les teintes variées et douces formaient un ensemble qui n'était pas sans caractère. Quant aux vêtements, ils affectaient toutes les formes possibles. Les pantalons avaient des coupes des plus bizarres et des ornementations diverses où des arabesques avaient été formées suivant l'inspiration du tailleur. Les houppelandes descendant jusqu'à mi-jambes étaient quelquefois doublées de fourrure, bien que la température fut d'une trentaine de degrés. Les turbans étaient de toutes les grosseurs, de toutes les formes et de toutes les couleurs. Les femmes musulmanes étaient enveloppées d'étoffe des pieds à la tête. Elles en faisaient revenir une partie sur le front et se voilaient même le visage si elles avaient un mari jaloux. Quant aux enfants, ils grouillaient partout.

Les paysans russes avaient de forts visages barbus et résignés. Ils étaient chaussés de lourdes bottes dans lesquelles entrait un large pantalon, et ils portaient une sorte de redingote graisseuse qui s'arrondissait en jupe autour des reins. Leur coiffure consistait en un bonnet de fourrure grossière. Armés d'un fort bâton, ils avaient un bissac en bandoulière, duquel je les vis, plus tard, sortir des provisions. Ces paysans n'étaient que quatre et s'étaient groupés ensemble. Qu'étaient ces gens et que faisaient-ils en Asie-Mineure ?

Tous ces passagers de pont étaient bien au nombre de quatre cents, et un des moments les meilleurs pour les observer était celui de leur repas. Les ustensiles de fer blanc et de terre placés tant bien que mal au milieu d'eux se remplissaient d'aliments peu appétissants qu'ils mangeaient d'une manière fort primitive. Aussitôt après des groupes se formaient pour jouer aux échecs, aux dames, au tric-trac et aux cartes. J'eus la curiosité de pousser mon excursion jusque sur le gaillard d'avant, et là, je comptai plus de cent individus. Il n'est pas jusqu'au mât de beaupré qui avait été envahi par six levantins couchés dessus.

Dans l'après midi, assez tard, le matelas que contenait chaque ballot était étendu sur le pont et plusieurs passagers y prenaient place se couvrant de haillons innommables. Le pont du *Jaguar*, avec tout cela, présentait, du haut de la passerelle, le coup d'œil le plus original qu'il soit possible, et si un peintre avait pu le fixer sur la toile, il aurait certainement fait un tableau d'un piquant achevé.

Laissons finir de corder les ballots et montons sur la passerelle où notre aimable commandant Néli nous a engagés à venir.

Le paquebot glisse sur la mer azurée et nous n'avons qu'à regarder droit à l'avant pour voir dans le lointain la ville orientale. Pendant deux heures durant, nous sommes sous le charme du panorama merveilleux qui se développe sous nos yeux. Le point qui nous a été signalé à l'horizon se transforme, lorsque nous approchons, en une cité d'une immensité telle que nos yeux en sont étonnés, éblouis, fatigués.

A tribord, nous voyons le groupe des îles des Princes qui tachent agréablement la mer de mamelons verdoyants et offrent un charmant séjour d'été très apprécié.

En arrière et plus loin sont les sommets du mont Olympe encore casqués de neige.

Nos yeux se trouvent ramenés vers les mosquées dont on entrevoit déjà les coupoles et les sveltes flèches du haut desquelles les muezzins appellent les croyants à la prière. Tout ce que l'on voit, forme un enchevêtrement harmonieux, qui séduit, enchante et captive, et l'on reste quelque temps sous l'empire d'une force qui empêche de détacher les regards de cet ensemble si séduisant, si nouveau et unique au monde. Les mosquées dominant toutes les constructions, montrent déjà leurs grandioses proportions.

Les casernes sont souvent teintées d'ocre jaune, et leur élégante architecture pourrait de prime abord les faire prendre pour des palais-casernes.

A Scutari, sur la côte d'Asie, se développe l'immense caserne de Selim qui produit un heureux effet. Puis Scutari aux habitations turques entourées de cyprès, où les croyants, qui ont voulu avoir le moins de contact avec les européens, se sont réfugiés.

En avant, se dresse sur un rocher formant ilot, une tour blanche, portant le nom de « tour de Léandre », mais généralement appelée « tour de la Vierge », et voici à ce sujet ce que la légende nous apprend :

Une bohémienne avait prédit à Mohamed-Sultan que sa fille mourrait d'une piqûre de serpent ; aussi pour conserver la vie à son enfant, le sultan ne trouva-t-il rien de mieux que de faire bâtir une tour entourée par la mer, et d'y placer sa fille pensant que de cette manière, le plus fin des reptiles ne pourrait arriver à s'y introduire.

La fille du sultan se nommait Mehar Chéguid. Elle passa ainsi en captivité les premières années de sa jeunesse et devint fort belle. On parla tant de sa beauté que le bruit s'en répandit en Perse, et le fils du Schah en eut connaissance. Ce jeune prince, dont l'imagination était fort vive, s'intéressa à la charmante prisonnière. Il se fit raconter l'emploi de son temps, et finalement, séduit par les récits qu'on lui faisait, il en devint amoureux et décida de lui faire connaître cet amour. Le moyen qu'il choisit comme devant éveiller le moins l'attention, fut l'envoi d'un bouquet de fleurs symboliques. Mais qu'arriva-t-il ? hélas ! c'est qu'un malicieux petit serpent, s'était glissé dans les fleurs, et que Mehar Chéguid fut piquée par lui comme l'avait prédit la bohémienne. La fille du sultan languissait depuis quelque temps sur sa couche, et on la considérait comme perdue, quand le fils du Schah, prévenu par ses fidèles, arriva près de Mehar Chéguid et appliqua ses lèvres sur la piqûre qu'il avait involontairement causée. Il sauva ainsi la jeune princesse de la mort à laquelle elle avait été vouée et pour le récompenser de sa généreuse action, le sultan lui donna Mehar Chéguid en mariage.

Mais des cris d'admiration appellent bientôt notre attention vers bâbord où de très vieilles tours sollicitent nos regards. Nous apprenons que c'est le château des Sept-Tours auquel succèdent les jardins du sérail qui forment un promontoire désigné sous le nom de Pointe du Sérail.

Les vieux murs de Byzance, dont la base est baignée par les flots, donnent un idée exacte de l'enceinte qui existait jadis. L'œil perçoit, au milieu d'une végétation fort belle, de curieuses constructions auxquelles cette verdure forme un accompagnement d'un caractère sérieux et agréable.

Stamboul apparaît avec tous ses bosquets d'où se détachent des palais et des constructions d'architectures diverses.

Stamboul est la ville turque où se sont conservées les anciennes coutumes, et les Stambouliotes jouissent encore de prérogatives spéciales. C'est de Stamboul que se dressent tous ces fuselés minarets qui donnent tant d'originalité à cette partie de Constantinople, où s'élèvent les plus belles mosquées qui sont connues sous les noms de Sainte-Sophie, Suléimanié, Ahmed, Schah-Zadé, Bayasid-Osmanié et une infinité d'autres moins importantes qui attirent la vue par leurs dômes. On remarque en outre, le Ministère de la justice, la tour du Séraskiérat et d'autres monuments dont nous ignorons la destination. Dans le Bosphore, une forêt de mâts ombre l'horizon.

On peut dire que Constantinople possède dans la verdure de ses arbres, qui se renouvelle chaque année, comme dans les pays du nord, un grand charme. La nature, à chaque saison, reprend une parure nouvelle qui réjouit les yeux. Cela surprend d'autant plus le touriste, qu'il s'attend à trouver, sous cette latitude, la même végétation semi-tropicale qu'il a rencontrée sous le même degré dans d'autres régions. Chaque groupe de palais ou de maisons est entouré d'arbres qui l'isolent d'un autre groupe et l'irrégularité même des habitations forme ici un pittoresque achevé.

Le Bosphore s'ouvre devant nous et le *Jaguar* s'y engage laissant à droite le profond golfe de la Corne-d'Or, car un courant rapide existe dans le détroit et oblige les navires venant de la mer de Marmara à remonter assez loin pour s'abandonner ensuite et effectuer plus aisément les manœuvres nécessaires à leur amarrage aux bouées de mouillage. Nous ne nous plaindrons point de cette circonstance, puisqu'elle nous procure l'agrément de passer devant les splendides palais élevés sur le Bosphore que nous reverrons de plus près lors d'une promenade le long des côtes d'Europe et d'Asie.

Le *Jaguar* vient de s'amarrer à sa bouée, et les canots des différents services du port se tiennent près de ses flancs. Une petite embarcation vient de se détacher du paquebot emportant le docteur du bord et le lieutenant qui vont demander « la santé », autrement dit l'autorisation des Services Sanitaires pour le personnel et les passagers de se rendre à terre. Quelques minutes après, un pavillon hissé au haut d'un mât, sur le quai, indique que nous pouvons débarquer. C'est alors que se rue à bord une horde d'envahisseurs aux figures basanées et aux costumes inénarrables pour qui les escaliers sont inconnus.

Voici la manière dont ils s'y prennent pour arriver sur le pont au mépris des règlements impuissants. Une embarcation montée par deux hommes arrive vivement contre une des murailles du navire, l'un dirige la barque, l'autre, muni d'un bâton ferré d'un mètre cinquante de long, recourbé à une de ses extrémités, tâche d'accrocher ce qu'il peut, anneaux, cordages, haubans, tout lui est bon; et au moment où son point d'appui est trouvé, il s'élance à la force des bras contre le navire et arrive prestement à saisir un cordage ou le bastingage. Dès qu'il a posé la main à un endroit qui lui offre toute garantie, il lâche son bâton qui tombe à la mer, flotte, descend le courant et est repêché plus loin par le marin qui est resté dans l'embarcation et qui revient alors se ranger contre le navire, en attendant que son associé ait trouvé une proie, je veux dire un passager. Cette manière quelque peu cavalière de se rendre à bord d'un navire rappelle celle des corsaires, et je crois que si l'on grattait un peu ces hommes, on en trouverait beaucoup parmi eux. La police a, bien entendu, édicté des règlements contre les actes de ces pirates, mais l'application en est malaisée.

Au milieu de toutes ces barques, voici celle du grand hôtel du Luxembourg dans laquelle se trouve un drogman demandé par M. S., un très aimable passager, officier dans l'armée française, qui voyage avec sa jeune femme, une charmante parisienne. M. S... veut bien m'offrir de profiter de son embarcation, ce que j'accepte avec empressement.

Nous prenons congé du commandant Néli en le priant, ainsi que son état-major, d'accepter tous nos remerciements pour les aimables attentions dont nous avons été l'objet durant la traversée. Quelques coups de rames nous font aborder à l'endroit où nos passe-ports doivent être visés. Notre drogman les présente à un employé qui les revêt d'un signe au crayon, puis nous allons sur le quai de la Douane, affreux, sale, noir à ne savoir où poser les pieds.

L'employé arrive, fait ouvrir la malle, mais il s'entretient avec le drogman et ne regarde même pas le couvercle, il préfère fixer les yeux sur les pièces blanches qu'on dépose au fond de sa main. Il y a quelques pourparlers; deux quarts de medjidié ne lui paraissent pas suffisants pour une malle et deux valises. Allons, un troisième quart et que tout soit fini. En effet, deux hamals ou porteurs chargent les bagages sur leur dos et vont les porter à l'hôtel où nous devons faire un séjour pour visiter la curieuse ville orientale que depuis si longtemps nous sommes avides de connaître.

EN TURQUIE D'EUROPE

LE SÉLAMLIK

V

LE SÉLAMLIK

On désigne sous ce titre, à Constantinople, la cérémonie religieuse à laquelle S. M. le Sultan assiste officiellement chaque vendredi, entre midi et une heure.

A cette occasion un certain nombre de troupes prennent position aux abords du palais impérial et de la mosquée où doit se rendre le sultan, et une foule considérable se tient sur le parcours que doit effectuer Sa Majesté.

Anciennement, les souverains ottomans se rendaient chaque fois dans une mosquée différente qui n'était jamais connue à l'avance afin de déjouer tous les projets de ceux dont la pensée aurait été d'attenter à la vie du Chef des Croyants.

S. M. Abd-ul-Hamid II, qui règne actuellement, a fait construire à proximité du Palais une petite mosquée d'une architecture très délicate qui a reçu le nom de Hamidié. C'est dans cet édifice que, de préférence, Sa Majesté fait hebdomadairement sa prière officielle. Le monument est tout blanc ; des ornements architecturaux y sont répandus à profusion et forment, par place, comme une véritable dentelle. Une cour l'entoure et des bâtiments de service y ont été élevés.

M. le comte de Montebello, notre ambassadeur, qui avait bien voulu me faire l'honneur de me recevoir, m'avait engagé à assister au Sélamlik et avait mis à cet effet, à la disposition de mes compagnons de voyage et de moi-même, une carte nous donnant l'accès du kiosque d'Ildiz, construit en face de la Hamidié, et réservé aux membres du Corps diplomatique et aux invités de Sa Majesté.

Nous partons de l'hôtel à dix heures et demie. Un cavas de l'ambassade prend place à côté du cocher, et donne ainsi à notre équipage un caractère demi-officiel.

Nous passons par les quartiers de Kabatach, de Dolma-Bagtché où s'élève un magnifique palais de la Couronne dont nous longeons le parc, puis nous traversons Béchik-Tach et arrivons au kiosque d'Ildiz, sur les hauteurs d'Orta-Keuï, à six kilomètres environ de Péra.

A l'entrée du pavillon, nous sommes reçus par un aide de camp qui nous introduit dans les salons et nous en fait les honneurs. Il nous engage à prendre place près d'une des fenêtres d'où nous verrons, nous dit-il, parfaitement Sa Majesté. Nous assistons à toute la fête extérieure. Les invités sont assez nombreux et l'on entend parler toutes les langues européennes. Nous entrons en conversation avec les personnes qui occupent les places voisines des nôtres et qui veulent bien nous donner quelques renseignements relatifs à la cérémonie.

Sa Majesté nous fait offrir du moka que nous trouvons réellement délicieux, sans que l'imagination entre pour quoi que ce soit dans cette appréciation. Des valets, vêtus d'une redingote droite, noire, et coiffés du tarbouch, passent des plateaux chargés de petites tasses de très fine porcelaine blanche posées sur des soucoupes pareilles.

Sur une table, je remarque deux verres et au-dessous de ce meuble, une bouteille pansue, habillée d'osier comme nos dames-jeannes. Je constate que des invités et des officiers viennent tour à tour à cette table, qu'ils prennent un verre, l'emplissent du liquide de la fameuse bouteille et l'offrent à des dames, des jeunes filles ou le gardent pour eux-mêmes. Je me demande quelle peut être cette boisson délicieuse que Sa Majesté met ainsi, d'une manière si gracieuse, à la disposition de ses hôtes. La couleur en est blanche et ne décèle rien, et j'observe que l'on se sert largement. Piqué par la curiosité, je m'informe près d'une des personnes qui se sont rafraîchies, quel peut être ce nectar qu'elles semblent apprécier particulièrement. Oh ! désillusion profonde, ce n'est que de l'eau, et les deux verres obligent à fraterniser, ce qui semble ici tout à fait naturel. D'ailleurs, je me rappelle qu'en Algérie, dans les fêtes indigènes auxquelles j'ai assisté, il n'y avait, pour une nombreuse société, que quelques grandes tasses posées entre les groupes et remplies d'eau. On se rafraîchissait en buvant à même la tasse que l'on passait ensuite à son voisin.

Pendant ce temps, des troupes appartenant à tous les corps se sont échelonnées depuis le palais jusqu'à la mosquée dont la distance est de quelques centaines de mètres. Au-delà même du monument se tiennent des détachements de soldats. Leur air martial et leur bonne tenue sont très remarqués. Les sonneries des marches sont assez originales. Des musiques occupent des places spéciales et font entendre d'agréables morceaux.

La foule grossit peu à peu prenant grand intérêt à ce spectacle.

De nos places, nous ne perdons rien du mouvement général qui se produit et qui offre beaucoup d'attrait.

Un grand nombre d'imans, d'ulémas et de derviches, revêtus de costumes de toutes les couleurs, coiffés de turbans et de bonnets de formes diverses et de teintes variées, sont arrivés depuis quelques temps et ont rempli la mosquée au point que plus de deux cents d'entre eux sont obligés de s'agenouiller en lignes, à l'extérieur, ce qui ne manque pas d'agrément pour le coup d'œil d'ensemble, car le temps est magnifique et le ciel d'azur ne laisse poindre aucun petit flocon blanc.

Dans la cour de la mosquée, il y a un va et vient d'officiers généraux et de grands dignitaires en uniformes de gala, chamarrés de cordons et de croix, qui s'entretiennent entre eux.

Un coupé attelé de beaux chevaux s'arrête devant la grille. Le Cheik-ul-islam ou grand chef de la religion musulmane en descend, soutenu par deux valets de pied. Le Cheik-ul-islam est très âgé et de haute taille. Il se rend à la mosquée.

Mais une voix retentit dans les airs envoyant dans toutes les directions la formule consacrée de l'appel à la prière. Notre attention est aussitôt attirée de ce côté, et nous voyons au chérifé ou balcon circulaire du minaret l'iman qui, dans cette circonstance, remplace le muezzin et dont la voix chantante est très belle.

C'est l'indication pour nous que S. M. le Sultan est sorti de son palais.

La route qui réunit l'habitation impériale à la mosquée est en pente de haut en bas.

Nous nous approchons de la fenêtre pour voir arriver de plus loin le cortège et jouir du coup d'œil général.

Toutes les troupes font admirablement la haie, les musiques jouent de gais morceaux. Officiers et soldats présentent les armes au passage de Sa Majesté, et lancent dans l'air par deux fois le cri de « Vive le sultan » qui, en langue turque, a quelque chose de guerrier.

Voici la victoria de Sa Majesté dont la capote est à demi relevée. Elle est attelée de deux chevaux alezans superbes et magnifiquement harnachés.

Le cocher, en costume albanais rouge foncé brodé d'or, produit un grand effet. Quelques saïs, en costume albanais bleu clair soutaché d'or, montent de brillants chevaux et servent d'escorte à la voiture impériale.

Abd-ul-Hamid II est vêtu de noir à l'européenne avec un grand manteau liseré de rouge, et est coiffé d'un simple tarbouch. Il est seul dans le fond de la voiture, assis légèrement sur le bord des coussins, et rend les saluts qu'on lui adresse en portant la main droite au cœur et de là aux lèvres. Il n'a aucun signe distinctif, ni aucune décoration. Sa physionomie est quelque peu soucieuse. Son visage est encadré d'une barbe noire taillée. En face de lui est placé le grand-vizir en uniforme, la poitrine constellée de décorations ; c'est du moins le renseignement qui nous est donné.

L'équipage de Sa Majesté est suivi de quatre coupés très jolis et très bien attelés. Le premier est occupé par la sultane-validé, les trois autres par d'autres sultanes. Les stores sont baissés et les voitures sont gardées par de grands eunuques noirs en longue redingote. Leur visage n'annonce pas qu'ils aient l'intention de plaisanter avec la délicate mission qui leur est confiée. Il paraît que les eunuques auraient, en dehors du rôle tout spécial qu'ils remplissent, le devoir de rapporter au sultan les bruits d'antichambre.

L'équipage de Sa Majesté s'est arrêté devant la mosquée où se sont groupés les dignitaires. Aussitôt que le souverain est descendu, la voiture est conduite derrière le monument.

Les coupés de la suite se rangent à gauche de l'entrée dans l'enceinte. Les chevaux sont immédiatement dételés et emmenés aux écuries, mais les sultanes ne bougent pas de leurs voitures dont les stores sont toujours baissés, et sur lesquelles les grands diables noirs ont leurs regards fixés.

Je les plains un peu, ces grandes dames, d'être ainsi abandonnées par leur seigneur et maître qui les laisse se morfondre dans ces sortes de coffrets capitonnés de satin et de soie, et que chauffe un soleil de juin.

La prière dure vingt-cinq minutes. Aussitôt terminée, les chevaux sont attelés.

Pour le retour, Sa Majesté tient à conduire elle-même. Aussi, à cet effet, une sorte de victoria sans siége de cocher, traînée par deux magnifiques chevaux blancs, est avancée au bas du perron d'où le sultan doit descendre.

Les maréchaux sont au nombre de douze, et parmi eux, je distingue S. E. Chakir-Pacha, par qui j'ai été reçu en son palais de Taxim. Les maréchaux font face à la voiture, rangés de front comme des sous-lieutenants.

Le sultan descend les marches du perron, monte dans la voiture, saisit les rênes, fait décrire une courbe savante à son équipage pour passer devant les maréchaux qui se plient en deux à sa vue. Mais, à cet instant, il est curieux d'observer le mouvement, car lorsque le premier est courbé, le dernier est droit, et lorsque celui-ci s'incline à son tour, le premier s'est déjà relevé, ce qui forme, d'une extrémité à l'autre, une vivante ondulation.

L'équipage franchit la grille pour remonter au palais. Les chevaux sont au petit trot, car l'allure du pas dans une montée, n'est point gracieuse.

C'est alors que tous les maréchaux et officiers se mettent à suivre au pas de course l'équipage impérial ainsi que le cocher albanais et les saïs qui, il n'est pas besoin de le dire, perdent beaucoup de leur prestige. Mais bientôt la plupart des maréchaux âgés et quelque peu asthmatiques renoncent à cette course enfantine. Les saïs remontent sur leurs chevaux que des palefreniers tenaient en main et rejoignent vivement le cortège.

Quelquefois le sultan passe la revue des troupes à l'issue de la cérémonie, mais on ne le sait jamais à l'avance.

Le Sélamlik est terminé. Il est deux heures. Les troupes rentrent à leurs quartiers respectifs et la foule se disperse avec calme jusqu'au vendredi suivant.

EN TURQUIE D'ASIE

BROUSSE

VI

DE CONSTANTINOPLE A BROUSSE

Après avoir vu les mosquées de Constantinople qui impressionnent profondément par la hardiesse de leur architecture, il convient de se rendre à Brousse pour visiter les célèbres turbés ou tombeaux des premiers souverains ottomans.

J'ai le plaisir de faire cette excursion en compagnie de très aimables touristes. A neuf heures nous quittons l'hôtel avec notre drogman. Une barque, que nous prenons près du grand pont, nous transporte au bateau qui fait le service de Constantinople à Moudania.

Nous sommes à bord à neuf heures et demie, heure annoncée pour le départ, mais en raison de la lenteur turque, nous ne levons l'ancre qu'une heure plus tard. La distance qui sépare Constantinople de Moudania est de cinquante-quatre kilomètres. Le temps est splendide, et nous permet d'espérer une traversée agréable.

Le navire se dirige vers la mer de Marmara et dépasse bientôt la pointe du Sérail. Stamboul nous apparaît alors dans toute sa beauté. Ses monuments et ses constructions si divers, que rehausse l'éclat de la verdure des arbres, se silhouettent dans la radieuse clarté du ciel, tandis qu'au premier plan, les vieilles murailles byzantines, toutes mordorées sous le soleil, l'enceignent et l'isolent de la mer qui en vient battre la base en la festonnant d'écume azurée. Rien ne peut rendre l'émotion que l'on éprouve et le charme que l'on ressent en face d'un pareil panorama.

Nous passons à une petite distance des îles des Princes qui, anciennement, étaient appelées les îles des Prêtres à cause des nombreux monastères qui s'y trouvaient. Leur nouvelle dénomination vient de ce qu'elles furent un lieu de plaisance ou de réclusion pour les princes du Bas-Empire. Elles forment un pittoresque groupe de masses verdoyantes, et sont très habitées, notamment par des Grecs qui y possèdent de nombreuses villas. Une partie de la société élégante de Constantinople s'y rend en villégiature pendant l'été et l'automne. Des services réguliers de bateaux assurent les relations entre les îles et le continent.

Le petit paquebot traverse l'entrée du golfe d'Ismidt et double bientôt le cap de Boz-Bouroum pour pénétrer dans le golfe de Moudania, au fond duquel s'est établie la ville de Ghemlek où, par le mauvais temps, l'on est obligé d'aborder, le mouillage de Moudania n'offrant aucune sécurité.

Nous voilà arrivés à Moudania après quatre heures et demie de traversée. Le navire vient se ranger contre un appontement, ce que les passagers-touristes apprécient. On évite ainsi l'emploi des petites embarcations, moyen de débarquement peu commode. L'appontement est clos, et nul ne peut se rendre à terre sans que la formalité de la douane et des passeports ne soit remplie. Il est bon de noter que pour se rendre à Brousse, il faut se munir d'un *teskéré* ou passeport pour l'intérieur, délivré par l'autorité turque sur la demande du Consulat de la nation à laquelle on appartient. A notre arrivée à Brousse, il faudra que nos *teskérés* soient visés au Konak, car si nous ne satisfaisions point à cette obligation nous ne pourrions nous rembarquer pour Constantinople. En dehors du contrôle qui est exercé par ce moyen sur les voyageurs, cette multiplicité de visas est une source de revenus pour le Trésor ottoman.

Une voiture commandée nous attend au débarcadère pour nous conduire à Brousse, éloignée de vingt-huit kilomètres. Plusieurs autres voitures sont également destinées à des touristes. Le chef des conducteurs est un nommé Paolo, véritable type au costume bizarre que l'on pourrait prendre facilement pour un brigand. Ah ! certes celui-là ne manque pas de couleur locale, mais il est dépassé néanmoins par notre cocher qui, lui, semble un véritable bandit tant par son accoutrement que par son visage tout basané, et ses yeux de fauve cherchant une proie.

Moudania est une petite ville de quatre mille habitants, d'aspect européen, bien tenue et située au milieu d'oliveraies. Il y règne assez d'animation en raison même du transit continuel qui s'y fait avec Brousse dont c'est le port.

Le gouvernement turc, il y a quelque vingt ans, eut l'idée d'établir un chemin de fer de Moudania à Brousse. Les travaux furent entrepris, la voie posée même, mais si défectueusement qu'aucune machine n'y put circuler. Le matériel roulant est remisé dans un hangar, et la nature a repris ses droits sur la voie qui est couverte de plantes sauvages[1].

La route de Brousse est très belle et parfaitement entretenue. Elle est jalonnée de poteaux indicateurs en bois, hauts de deux mètres, peints en blanc et rouge par sections, taillés en losange, et présentant dans le sens de l'aller ou dans celui du retour une face où le renseignement fourni est inscrit en caractères et chiffres arabes de couleur rouge sur fond blanc.

Le trajet se fait très facilement; le chemin s'élève en lacets jusqu'à

[1] Cette ligne a été remise en état et la réouverture a eu lieu en août 1892.

deux cent quatre-vingt-cinq mètres, et de cette éminence on a un grandiose spectacle. D'un côté, l'on aperçoit le joli golfe de Moudania tout entouré de collines ; de l'autre l'Olympe neigeux au pied duquel on distingue l'importante ville de Brousse, émergeant à peine de la verdure que forment ses nombreux jardins.

Vers le milieu du parcours, on fait halte dans un très bel endroit planté d'arbres séculaires où l'on respire délicieusement. C'est Yeschid. On relaye les chevaux. Pendant le temps d'arrêt et selon son goût l'on mange un peu de *rahat lokoum*, pâte de fruits transparente et de couleur ambrée, et l'on prend une tasse de café ou un verre de *khodjaf*, sirop de fruits additionné d'eau très rafraîchissant. L'installation de la table est faite contre le tronc d'un des plus gros arbres, et cette halte est pleine de pittoresque.

Nous voici repartis vers l'ancienne capitale d'Orkhan, aujourd'hui chef-lieu du vilayet de Houdavendighiar. De distance en distance sont échelonnés des postes occupés par des zaptiés chargés de veiller à la sécurité de la route. Tout le long du chemin des enfants nous offrent de magnifiques cerises disposées sur un bâton éclaté en quatre parties, et c'est entre les branches faisant pince que les queues des cerises sont passées. Le soleil est chaud, l'air sec, la poussière nous altère, et nous faisons honneur aux cerises asiatiques qui sont superbes et délicieuses. Les terrains avoisinant la route sont plantés de mûriers, de figuiers, d'oliviers et d'autres arbres de différentes essences.

A six heures nous arrivons à Brousse, couverts de poussière, assez surpris de voir les rues et les chemins pleins d'eau. Une pluie d'orage vient de tomber, et a vigoureusement arrosé les verdures qui sont toutes luisantes. Nous nous rendons à l'hôtel d'Anatolie, tenu par Mme Brotte, une Française. La réputation de cet hôtel est établie depuis longtemps, et l'on y est bien sous tous les rapports. L'endroit est bien choisi. Le jardin n'est qu'un bouquet de verdure et de fleurs, et l'eau des bassins vient continuellement apporter cette fraîcheur qu'elle possède en elle, tout en répandant, par ses jets, un vivant murmure que les oiseaux accompagnent de leurs chants.

Le dîner est gai et réunit vingt-six personnes dont la plupart parlent français, ce qui me permet d'échanger des impressions.

Pendant le repas on nous offre de la neige congelée destinée à rafraîchir les boissons. L'on va chercher chaque jour cette neige dans les anfractuosités des pentes du mont Olympe.

Dans le salon, deux registres sont déposés sur la table centrale à la disposition des touristes. L'un d'eux sert simplement à conserver le nom des voyageurs avec leurs qualités et la date de leur séjour ; l'autre s'adresse à ceux qui ont de l'inspiration, et a pour objet de recueillir leurs pensées ou leur appréciation sur Brousse ou sur l'hôtel dont c'est le Livre d'Or.

VII

BROUSSE

Ce matin mercredi à neuf heures, par un très beau temps, nous commençons à visiter Brousse. Nous nous rendons à la grande mosquée, en turc, Oulou Djami, que signalent les hauts minarets. Elle est située au centre de la ville, et le chemin qui nous y conduit traverse un pont jeté sur le ravin de Gueuk-Sou rempli d'une folle végétation. Nous passons ensuite dans le marché aux légumes et aux fruits, plein d'animation, où une foule indigène très intéressante à observer s'offre à nos yeux.

Nous voici à la mosquée. Là encore il nous faut constater l'incurie des Ottomans à l'égard des merveilles de leurs pays. Ils ont laissé le temps faire son œuvre de lente destruction comme hélas ! dans beaucoup d'autres monuments, précieux souvenirs historiques, que leur richesse et leur beauté recommandaient à une vigilante et intelligente sollicitude.

Cet édifice de forme rectangulaire est couvert par une vingtaine de coupoles hémisphériques, mais le trait caractéristique de son architecture est indiqué par une grande coupole centrale au milieu de laquelle un jour circulaire a été ménagé. Juste en dessous, un vaste bassin a été creusé dans le sol et des cyprins dorés y prennent leurs ébats. Les belles peintures qui faisaient la décoration de cette mosquée ont été ou détruites ou très endommagées et, par endroits, elles sont remplacées par des chiffres monogrammatiques noirs.

Nous allons ensuite par le quartier arménien à la mosquée verte, ou Yéchil-Djami, située à une des extrémités de la ville sur le sommet d'un plateau d'où nous dominons une grande partie de la plaine de Brousse. La mosquée verte est la plus riche des mosquées de la ville, et le plus beau modèle de l'art arabe associé à l'art persan. L'on peut croire que son nom lui vient des faïences vertes qui ont été employées en grand nombre dans sa décoration. L'intérieur offre de riches panneaux de faïence cloisonnée très rare, provenant des fabriques de Koutayé et de Perse. C'est pour les yeux un véritable enchantement de voir le parfait ensemble que produisent toutes ces faïences où l'artiste a ménagé des reliefs dont la juxtaposition forme, en caractères coufiques, des versets coraniques du plus heureux effet.

Derrière la Yéchil-Djami est édifié un célèbre turbé qui renferme des carreaux céramiques dont les tonalités sont extrêmement artistiques et que l'on ne peut arriver à reproduire aujourd'hui dans les fabriques. Le secret de la composition des teintes a été perdu, comme nous le constatons pour nos vieilles faïences françaises si recherchées des collectionneurs, et l'on s'attache, mais en vain, à les refaire, sans pouvoir arriver à la perfection obtenue jadis. Les faïences de Koutayé et de Perse, que l'on trouve dans le commerce, n'ont plus le même coloris fondu que l'on se plaît à admirer dans les anciennes décorations des turbés et des mosquées, et les couleurs ont une vivacité de ton que l'on ne rencontre pas dans les anciens produits céramiques.

Le mihrab du turbé de la Yéchil-Djami retient longtemps toute notre attention par la composition de son ornementation et l'intérêt que nous trouvons dans le charme de sa décoration. Les vitraux persans en cabochons sertis sont très remarquables et donnent une douce clarté.

Nous terminons notre promenade du matin par le bazar qui est bien tenu et donne une idée des produits des manufactures locales. Comme dans tous les bazars orientaux, les marchands sont assis devant leurs magasins et devisent entre eux. Lorsque nous passons ils viennent solliciter notre visite et nous montrent des étoffes de soie qu'ils nous présentent en les faisant chatoyer à nos yeux.

Le bazar de Brousse est très intéressant; l'on y passe un moment agréable à regarder tous ces tissus qui ont acquis depuis longtemps un grand renom dans les pays occidentaux, soit par leur délicate exécution, soit par leurs dessins ou le charme de leurs teintes. La meilleure preuve en est dans le soin que l'on met à les rechercher et à les reproduire, sans toutefois y arriver.

Après déjeuner nous allons visiter la mosquée de Mourad ou Mouradié et les turbés du prince Moustafa et de Mourad. Le premier de ceux-ci est revêtu de faïences admirables dont on ne peut faire connaître la beauté par la plume, car rien ne remplace les yeux lorsqu'il s'agit d'harmonie de couleurs. C'est peut-être le plus riche de tous.

L'entrée du turbé de Mourad est abritée d'un auvent en bois ou sorte de marquise d'un travail remarquable. On observe dans ce turbé une particularité qui mérite de ne pas être passée sous silence, car elle est assez originale. Il était d'usage que les sultans, après leur mort, reposassent dans des cercueils conservés dans les sortes de chapelles funéraires que nous visitons actuellement. Mourad I ne voulut point que sa dépouille mortelle fût placée ainsi, et il exprima le désir d'être déposé en terre pour que sa tombe fût arrosée par l'eau du ciel. Son successeur veilla à ce que le désir que Mourad avait témoigné fût accompli. C'est pourquoi l'on ménagea dans le dôme une ouverture par laquelle l'eau du ciel tombe directement à l'endroit où le sultan est inhumé.

Dans ce même turbé nous voyons des cercueils contenant les restes d'autres membres de la famille de Mourad.

Les bières sont ordinairement drapées de très riches étoffes de soie et de velours brodées d'or et d'argent avec un soin infini. A la tête, et sur le cercueil même, on expose le turban du défunt. Certaines de ces coiffures affectent des formes curieuses et sont parfois ornées d'aigrettes en diamants.

Le turbé du prince Djem, qui a dû être réparé, est très décoré de fresques dont le coloris est agréable, quoique un peu vif encore. Les murs sont revêtus de faïences de belles tonalités.

Dans notre promenade, nous passons par le petit village de Tchékirgué situé à trois kilomètres de Brousse, et où se trouvent de célèbres thermes alimentés par des eaux sulfureuses et ferrugineuses venant des contreforts de l'Olympe. Nous visitons ces bains qui n'offrent aucun intérêt spécial. Dans la contrée, un certain nombre d'établissements de ce genre ont été créés. On cite particulièrement ceux de Tchékirgué et de Eski-Kapludja comme étant les mieux organisés.

Nous nous rendons ensuite sur la place de la citadelle qui occupe à peu près le centre de la ville, et près de laquelle s'élèvent les turbés d'Osman, fondateur de l'empire ottoman, et de son fils Orkhan, qui ne présentent qu'un très médiocre intérêt après ceux que nous avons vus. De cet endroit nos yeux embrassent un panorama superbe qui comprend toute la campagne de Brousse, très riche en végétation. Nous dominons la gorge de Gueuk-Sou que nous allons voir à sa formation, et qui, à son origine, n'est qu'une tranchée toute verte de mille plantes constamment arrosées par l'eau délicieuse de l'Olympe.

Sur la place de la citadelle, trois canons, muets à présent, sont braqués vers le chemin d'arrivée et n'ont plus qu'une utilité purement décorative.

Le chemin que nous suivons en quittant la citadelle nous permet de voir de vieilles constructions byzantines, puis nous passons sous de beaux ombrages d'arbres séculaires; nous faisons halte dans un ravissant endroit planté de platanes, bien connu des touristes, où coule une source cristalline à laquelle nous nous désaltérons. Cette station champêtre est très fréquentée par les Turcs, qui viennent y goûter un agréable repos dans le calme de la nature. Elle se nomme Bounar-Bachi. Un café y est installé, et l'on nous offre, suivant la coutume, le moka à la turque.

Nous reprenons le chemin de l'hôtel, mais toutefois, avant de rentrer, nous visitons un atelier où l'on prépare de la soie. Nous voyons là réunies un grand nombre de toutes jeunes filles dont certaines ont de forts beaux traits d'une grande régularité et des yeux pleins d'expression. Elles s'occupent au dévidage de cocons et forment des écheveaux que l'on emploiera plus tard dans les ateliers de tissage.

Le lendemain, à cinq heures, nous sommes réveillés, car il faut que nous soyons en voiture avant six heures pour aller à Moudania, d'où le bateau doit partir à huit heures et demie.

Le temps est beau et la route s'effectue bien. A l'embarcadère le mouvement est assez important. Beaucoup de passagers sont déjà à bord.

Nous nous hâtions croyant être en retard, mais il nous faut attendre trois quarts d'heure avant que l'ancre ne soit levée.

Du pont du navire nous voyons passer sur le port un petit cortège conduit par une nouba. Nous demandons ce que signifie cette musique, et l'on nous fait connaître que ce sont des amis qui se sont réunis, et portent, selon l'usage, des présents à un heureux fiancé. Quelques moments après sa mission accomplie le cortège repasse toujours précédé de la musique indigène.

Le bateau s'éloigne du quai, et les saluts sont échangés. Peu de temps après notre départ un orage survient. La mer qui était si calme frémit, s'agite, se soulève et devient furieuse en crêtant d'écume les vagues qu'elle forme. Le ciel clair s'obscurcit profondément, la pluie tombe abondamment chassée par un vent très violent, les éclairs sillonnent le ciel de feu tandis que le tonnerre se fait entendre avec un fracas énorme.

A bord le tableau n'est pas gai. Le bateau est très petit, et il n'est point besoin de dire s'il roule et s'il tangue. Le salon ainsi que le pont sont encombrés de passagers à peu près anéantis, aux visages jaunes ou verts. Presque tout le monde est malade, et l'on n'est pas même sans avoir une pointe d'inquiétude.

Enfin, les îles des Princes sont signalées, cela redonne un peu de courage aux moins éprouvés. Puis les minarets et les dômes apparaissent. Voilà Constantinople, le port de salut.

DE

CONSTANTINOPLE A BATOUM

PAR LA CRIMÉE

JOURNAL DE ROUTE

VIII

DE CONSTANTINOPLE A ODESSA

Samedi, 6 juin 1891.

Je ne puis prolonger, à mon grand regret, mon séjour à Constantinople, ayant un temps déterminé pour effectuer mon voyage, et j'ai pris mes dispositions en vue de mon départ pour Odessa.

Dans l'après-midi, je me rends à bord de la *Médusa*, paquebot de la Compagnie de Lloyd Austro-Ungario qui se rend directement à ce port. Ce navire, qui a cent vingt mètres de longueur, est d'un très beau modèle et possède une installation des plus confortables.

La *Médusa* devait lever l'ancre à quatre heures, mais le Consulat russe ayant constaté que toutes les formalités n'avaient pas été remplies à l'égard des papiers du bord, n'a pas donné l'autorisation de partir, et nous avons dû attendre jusqu'à sept heures trois quarts.

Ce retard qui, dans d'autres circonstances, eût été fort ennuyeux, me procura le plaisir de contempler encore ce panorama de Constantinople dont on ne peut se lasser et qui séduit toujours quel que soit l'endroit d'où on l'aperçoive.

Du paquebot, j'ai assisté au plus merveilleux coucher de soleil qu'il m'ait été donné de voir. L'atmosphère était calme, la fumée noire des bateaux, mouillés dans la Corne-d'Or, lancée dans les airs, se tenait suspendue sur Stamboul et Galata. Elle ombrait les coupoles et les minarets des mosquées ainsi que la haute tour de Galata. Au ciel, deux épais nuages couvraient Stamboul, mais laissaient passer une bande d'un rouge de fournaise, large, à l'œil, de plusieurs mètres, et formant des zigzags comme la foudre.

Peu à peu cet état se modifia. La fumée tomba complètement, et le soleil, en descendant derrière Stamboul, se dégagea des nuages et envoya toute sa clarté par réverbération. Nous assistâmes alors à un spectacle impressionnant. Toutes les habitations et les casernes de Scutari, construites en amphithéâtre, reçurent la réflexion des rayons solaires et toutes les vitres devinrent couleur de flammes. Il est impossible de rendre l'aspect que Scutari offrait alors et qui arrachait des cris d'admiration, car nulle œuvre humaine n'aurait pu produire pareille chose. Les effets changeaient à chaque instant. On aurait cru qu'un feu était allumé derrière chaque fenêtre. La lumière, qui causait cette réverbération, éclairait tous les arbres, et ce spectacle changeant, dont je ne pouvais détacher mes yeux, sera pour moi inoubliable.

Pendant ce coucher de soleil, je subis des émotions bien diverses auxquelles la clameur lointaine de la cité orientale et les échos affaiblis d'une marche militaire faisaient une sorte d'accompagnement qui portait à la rêverie.

L'ordre du départ vient d'être donné et les amarres sont détachées. Le paquebot marche à une faible vitesse. Le Bosphore contient beaucoup d'écueils, mais la route à suivre pour les éviter est parfaitement déterminée pendant le jour par des bouées qui les indiquent. Le soir, des feux colorés les signalent. L'on va d'une rive à l'autre pour éviter tel courant violent ou tel roche dangereuse.

Dans tous les villages situés si pittoresquement sur les rives du Bosphore des lumières s'allument et semblent, par cette nuit chaude et crépusculaire, comme des lucioles voyageuses, la marche du navire faisant croire qu'elles se déplacent.

A neuf heures et demie, nous sortons du Bosphore.

Dimanche, 7 juin.

Nuit calme. Dans la matinée, mer agitée. Vers dix heures, petite houle, le navire tangue et roule un peu; vers le soir, le mouvement s'accentue. Nous restons toute la journée en pleine mer, et aucun fait extérieur ne vient nous distraire.

Lundi, 8 juin.

La nuit a été agitée, mais dès quatre heures la mer redevient calme.

A six heures, on aperçoit la terre par bâbord.

La côte est très peu élevée et la ligne du sommet est horizontale dans toute son étendue. Par tribord, le rivage est beaucoup plus éloigné et disparaît dans la brume légère du matin.

La ville d'Odessa se trouve dans le fond du golfe du même nom qui s'avance assez profondément dans les terres.

A sept heures, nous distinguons un môle à la pointe duquel se dresse un phare et, dans l'éloignement, sur une hauteur, les maisons de la ville orientée à l'est. Le ciel est bas et gris avec apparitions de soleil.

Une demi-heure plus tard, nous doublons le môle et entrons dans le port. La *Médusa* mouille aussitôt après avoir franchi l'entrée. Un canot se détache du bord emportant le commandant et un autre officier qui vont demander « la santé ». Au même instant, une embarcation accoste le paquebot et deux gardes sanitaires, vêtus de blanc, montent à bord ainsi que deux douaniers. L'agent sanitaire fait passer devant lui équipage et passagers, il se déclare satisfait, puis se retire. Peu d'instants après, le commandant revient et fait lever l'ancre pour prendre place contre le quai. On descend immédiatement à terre les boîtes à poudre du bord. Quant à moi, il m'est défendu de sortir du navire avant que la douane n'ait accompli les formalités réglementaires, et le *Jaffar*, qui vient d'arriver, l'absorbe complètement.

Je suis étonné de voir sur ce navire anglais un certain nombre de marins qui semblent appartenir à la marine russe. Je m'informe de leur présence, et j'apprends que ce sont les matelots qui montaient le yacht *Roxana*, appartenant à S. A. I. le duc de Leuchtenberg, prince Romanowsky. *La Roxana* a séjourné pendant tout l'hiver dernier à Nice et a été désarmée à Toulon pour compléter son installation. Quant aux marins, ils ont été rapatriés par le premier bateau en partance pour Odessa.

L'officier chargé de vérifier nos passeports arrive à bord accompagné de ses secrétaires. C'est un lieutenant-colonel de gendarmerie. Cet officier parle français et se montre d'une grande courtoisie à mon égard en me donnant quelques indications qui me furent très utiles. Nous voyons enfin arriver le fonctionnaire de la douane qui, après avoir visité minutieusement mes petits bagages, m'autorise à quitter le navire. Il est midi; le canon d'Odessa vient de tonner.

IX

ODESSA

Je monte immédiatement dans un droschki pour me rendre à l'hôtel. Pendant mon attente sur le navire, j'ai eu le loisir, appuyé sur le bastingage, d'examiner les droschkis stationnant sur le quai, et ils m'ont fait concevoir une fâcheuse idée de ces véhicules qui correspondent à nos voitures de place. Le droschki est une sorte de mauvais fauteuil roulant, sans capote et sans dossier, où l'on est fort mal et où l'on risque de tomber à la moindre secousse imprimée à la voiture, par un mouvement violent du cheval ou un défectueux état de la voie. Les droschkis sont généralement mal conditionnés. Fred Rœssler, dans son *Guide de Saint-Pétersbourg*, estime que ces voitures sont incommodes et trop étroites pour deux personnes, et qu'une course en droschki, si le temps n'est pas beau, n'est point un agrément. Il ne peut, dit-il, qu'en déconseiller l'usage aux personnes faibles et surtout aux dames. Je partage pleinement cette appréciation et, par la suite, je me suis rendu compte qu'il y avait des droschkis bien tenus, mais deux personnes ne se maintiennent sur le siège de ces véhicules que si elles font une certaine gymnastique. Il m'est arrivé assez souvent de voir un gentleman entourant du bras la taille de la dame avec laquelle il se trouvait, dans la crainte qu'elle ne tombât, car les chevaux sont de bonne race et vont vite. Cette position un peu risquée paraît tout à fait admise ici, mais à Paris ou autre part l'on ne manquerait pas de dire que cette voiture emporte des excursionnistes au pays de Tendre. Deux choses particulières sont à noter. Les brancards du véhicule sont réunis au-dessus de l'encolure de l'animal par un cintre de bois ou de fer appelé *douga*, soutenant les rênes qui obligent ainsi le cheval à tenir la tête levée. Cette attitude lui donne un faux air des coursiers de la steppe, tandis que les bêtes peu brillantes de nos voitures de place semblent, la plupart du temps, disposées à paître. Les traits ne sont pas fixés directement à l'avant-train, mais prennent leur point d'action sur les essieux mêmes des roues. L'izvostchik ou cocher occupe un siège placé si bas, qu'à une faible distance, on pourrait croire l'automédon assis entre les voyageurs. Les izvostchiks que j'ai vus ont des visages peu sympathiques, et sont très mal tenus. Ils sont enveloppés, malgré une forte chaleur, d'une sordide houppelande rembourrée tout autour de la taille. Cette corpulence factice est, paraît-il, destinée à leur donner plus de genre, mais, pour ceux-ci, cette garniture ne sert qu'à les rendre plus ridicules. Ils ont, comme ceinture, une courroie agrémentée de quelques plaques métalliques. Leur coiffure consiste en un chapeau de feutre noir, de forme basse, très évasée dans la partie supérieure, aussi peu élégante que possible, dont le ruban est orné sur le devant d'une boucle argentée.

On trouve, sur certaines places de la ville, des voitures à deux chevaux confortables et bien tenues, mais ce sont des équipages dont le tarif est assez élevé.

Odessa est située sur un plateau que l'on peut évaluer, à vue d'œil, à une quarantaine de mètres au-dessus du niveau de la mer. Un talus naturel, dans lequel des escaliers et des chemins ont été pratiqués, sépare la ville du port qui est le plus important de ceux que la Russie possède sur la mer Noire.

En se reportant à diverses sources historiques, on voit que cette ville ne date, comme développement, que d'une centaine d'années. Au xve siècle, les Turcs s'en emparèrent et changèrent son nom de Katsouba en Khadjbey. En 1791, cette place qui ne comptait que 2 300 habitants passa, par le traité de Jassy, sous la domination de la Russie, et l'amiral Ribas, sur l'ordre de Catherine II, y créa un port militaire.

Khadj-bey n'était qu'un gros village, mais la grande impératrice jugea l'importance de la position et chercha à le développer. En 1795, le nom d'Odessa fut substitué à celui de Khadj-bey en souvenir de l'ancienne colonie grecque d'Odessus qui était voisine. Depuis lors, son accroissement ne fit que progresser. Au moment où le duc de Richelieu y fut appelé par l'empereur Alexandre, Odessa comptait dix mille habitants. Depuis, sa population augmenta extraordinairement. En 1870, on enregistre cent soixante-deux mille habitants et sept mille cinq cents maisons, et en 1888, trois cent mille âmes et plus de onze mille habitations. Sauf Saint-Pétersbourg, il y a peu de cités dans le vieux monde qui puissent s'enorgueillir d'une transformation aussi rapide.

La ville d'Odessa est bien construite et se ressent, dans l'architecture de ses habitations, du goût italien dont l'influence prédomina longtemps. Elle est percée de vastes voies, pour la plupart plantées d'acacias qui, lors de leur floraison, répandent dans l'atmosphère une odeur fine et délicate, mais dont le feuillage garantit bien peu des rayons du soleil.

De beaux magasins attirent le promeneur; de nombreuses enseignes sont en russe et en français, mais le nom des rues et toutes les indications officielles sont dans la langue nationale.

Le théâtre, récemment édifié sur la partie culminante de la ville, est le plus beau monument de la cité. De la mer, il domine tout ce qui l'entoure et s'en détache par ses toits de tôle peinte en vert clair comme celui qui revêt les bronzes antiques. Il est d'un bon style et très élégant dans son ensemble. Des jardins l'ornent tout à l'entour, et des voies spéciales d'accès permettent aux voitures d'arriver sous le péristyle. J'y suis allé un soir, conduit par un aimable odessois, M. O. de C..., que j'avais eu le plaisir de connaître à Nice, et dont la très charmante femme avait bien voulu me faire l'honneur de me convier à un dîner qui précéda la représentation, et me donna l'occasion de connaître et d'apprécier l'art culinaire russe.

Les dispositions intérieures du théâtre répondent parfaitement à la belle ordonnance architectonique du monument. Un Suisse superbe se tient à l'entrée du vestibule. L'escalier rappelle celui de l'Opéra de Paris et a grand air. Les couloirs et les promenoirs sont vastes et bien décorés. Le foyer est également spacieux et, pendant les chaleurs, il est très agréable de pouvoir prendre l'air sur de larges terrasses. Un buffet bien organisé est à la disposition des amateurs. La salle de spectacle est d'une bonne grandeur. Des baignoires, trois rangs de loges et deux galeries en garnissent tout le pourtour. Un excellent éclairage électrique, système Edison, est installé. Un appareil est disposé en suspension sur le devant de chaque loge. Pendant la représentation, le lustre et toutes les suspensions sont éteintes et se rallument simultanément aux entr'actes. La décoration havane clair est très réussie et n'a pas l'inconvénient de la teinte rouge, souvent employée, qui atténue les effets de nuance des toilettes. Je suis convaincu que la lumière, placée dans la partie supérieure de la loge, est très favorable au teint. Chaque loge dispose d'une large bouche de calorifère qui, en été, procure de l'air. Un siège fixe, plus élevé, avec marchepied appuyé contre la paroi faisant face à la scène, permet aux spectateurs placés au fond de la loge de bien voir sans fatigue. Les musiciens sont assis tout à fait en contrebas pour ne pas gêner la vue des personnes de l'orchestre, mais ils paraissent comme dans une cave et, de prime-abord, on est un peu saisi par ce trou béant devant la scène. On a ménagé dans le rideau une partie centrale mobile pour laisser passer les artistes que le public a l'habitude de rappeler plusieurs fois pour peu qu'ils lui plaisent. De cette manière, on peut commencer immédiatement le changement de décors.

Au premier entr'acte, on fait descendre le rideau de fer rigide en entier, peint avec goût sur le modèle d'une étoffe tendue par le haut qui ferait quelques plis verticaux très sobres. Le fonctionnement de ce rideau rassure les spectateurs contre les éventualités d'un incendie.

Le théâtre d'Odessa est certainement l'un des plus beaux de l'Europe.

Une des promenades favorites des Odessois, dans l'intérieur de la ville, est cette vaste terrasse qui précède les constructions élevées en face de la mer et porte le nom de boulevard Alexandre. Contre les habitations, une chaussée est réservée aux voitures, et sur toute la longueur s'étendent trois allées plantées d'arbres et d'arbustes. L'on jouit en même temps de la vue des équipages, du mouvement du port et du golfe. C'est l'un des endroits les plus agréables d'Odessa. Vers le milieu des allées s'élève la statue en bronze du duc de Richelieu. Un kiosque, placé près de là, est destiné à la musique, et un café-restaurant est installé tout à côté. A l'extrémité sud, le buste du célèbre poète Pouschkine est placé sur un socle formant une fontaine dont l'eau tombe dans une vasque de marbre.

Sous le rapport ethnographique, il n'y a point à parler de la population d'Odessa qui est tout à fait européenne, mais le touriste qui vient pour la première fois en Russie ne peut s'empêcher d'être surpris de la coiffure adoptée par les hommes. Grands et petits, civils et militaires, patrons et ouvriers, tous portent la casquette rigide d'un modèle tout spécial qui n'est pas employé en France. C'est une véritable débauche de casquettes à grande surface, munies d'une visière fort respectable. Il y en a des blanches, des vertes, des noires, des bleues, des marron, des rouges, des jaunes, que sais-je? Puis d'autres avec des liserés de couleurs différentes du fond. C'est une partie caractéristique du costume qui frappe et attire l'attention par sa variété. J'ai observé beaucoup de jeunes gens qui, par leur coiffure, devaient appartenir à des administrations diverses, et chez la plupart j'ai remarqué que les oreilles étaient fort utiles pour retenir leurs casquettes trop grandes. Les jeunes garçons ont des blouses ou des vareuses qui leur donnent un je ne sais quoi de décidé et de martial qui leur va très bien.

Il y a, dans les environs d'Odessa et du même côté, deux promenades très fréquentées qui sont la Petite-Fontaine et la Grande-Fontaine.

Un soir, M. O. de C... a l'amabilité de venir me prendre à mon hôtel avec sa victoria, attelée de deux jolis chevaux, pour aller jusqu'à la Petite-Fontaine. Nous traversons, par de très belles voies, une grande partie de la ville, puis le parc Alexandre, où l'on inaugurera très prochainement une colonne commémorative de la visite que S. M. l'Empereur fit à Odessa. Cette colonne est dérobée à nos yeux par une enveloppe qui ne sera retirée que le jour de la fête officielle. L'équipage parcourt ensuite une route plantée d'acacias en fleurs et bordée de belles propriétés, où les riches Odessois viennent passer les chauds mois d'été. La Petite Fontaine forme un lieu de rendez-vous fort pittoresque et, en dehors des dimanches, où il y a grande affluence, l'on y vient en parties d'agrément mêler les gais propos et les joyeux rires au murmure de la mer qui festonne le rivage.

En revenant dans la ville, nous nous arrêtons à la gare qui mérite une visite et dont l'architecture monumentale est décorative. La distribution intérieure répond parfaitement aux besoins des voyageurs et tout y a été mûrement étudié et bien exécuté.

L'excursion de la Grande-Fontaine peut se faire en voiture, mais il est plus simple, quand on est seul, de prendre place dans un petit train composé de six wagons, remorqués par une machine à vapeur. Les trains partent toutes les heures, et le trajet s'effectue en trois quarts d'heure de bonne vitesse. Le stationnement, au point terminus, est de quinze minutes. Le parcours est très agréable, et l'on peut ainsi, sans se fatiguer, avoir une idée des environs d'Odessa, qui sont très verdoyants et paraissent recherchés comme séjour estival.

Sur la droite, en allant, de grandes tentes blanches militaires piquent des notes éclatantes dans la verdure des arbres sous lesquels on les a dressées.

Près du point terminus de la ligne ferrée, un petit hameau donne l'occasion de faire un frugal déjeuner. En cinq minutes, on descend sur la grève par un bon chemin, mais l'on est peu récompensé de sa course.

Jeudi, 11 juin.

C'est aujourd'hui, à trois heures, que je vais prendre le paquebot qui doit me conduire à Batoum. Grâce à la haute recommandation de S. Ex. M. Gaiewsky, conseiller privé de S. M. l'Empereur de Russie et président de la Compagnie russe de navigation à vapeur et de commerce sur la mer Noire, je devrai accomplir mon voyage dans des conditions particulièrement agréables. Je suis mis en relation avec M. Nikanoff, le commandant du paquebot *Grande-Duchesse-Olga*, qui doit lever l'ancre cette après-midi.

La plupart des magasins de la ville sont fermés à cause de la célébration d'une grande fête de la religion orthodoxe grecque. Je me rends à la cathédrale remplie d'une foule de fidèles qui se renouvellent constamment. En chaire, un pope, revêtu des habits sacerdotaux sur lesquels flotte une chevelure bouclée, fait une lecture à haute voix en scandant ses paroles. Les allées et venues se font presque sans bruit, car il n'y a ni siège ni prie-Dieu dans les églises russes.

X

D'ODESSA A EUPATORIA

Je m'embarque vers deux heures, et à trois heures exactement, le paquebot largue ses amarres et se détache du quai pour sortir du port et prendre la route d'Eupatoria, la première escale qu'il doit faire. Les passagers sont nombreux, car ce départ coïncide avec l'arrivée du train de Saint-Pétersbourg, qui amène les voyageurs pour la Crimée.

Le navire est beau et l'installation des premières luxueuse.

A quatre heures et demie a lieu le dîner qui réunit de gais convives. Le menu en est très bien composé. La table est véritablement charmante avec son ornementation de fleurs. Je vois pour la première fois du sterlet. Ce poisson fait partie du genre des esturgeons. Sa chair est fine et délicate et très estimée en Russie. Les sterlets les plus renommés viennent de la Volga. Ce poisson est distingué dans sa forme et sa peau, qui est gris-foncé sur le dos, et blanche tachetée de rose dans la partie inférieure du corps. Les nageoires sont de deux teintes. Son museau est très long et très fin.

Le dîner est assez animé, et le français est très employé dans la conversation. J'ai le plaisir de faire connaissance avec M. Stéfanini, agent consulaire d'Italie à Bakou, mon voisin de table qui, apprenant que je vais au Caucase, se met fort courtoisement à ma disposition pour me fournir des indications et des renseignements relatifs à mon voyage. J'aurai, par la suite, notamment à Bakou, à mettre à contribution la grande obligeance de M. Stéfanini.

L'on passe la soirée sur le pont, que l'on dirait éclairé par l'électricité, mais il n'en est rien. C'est l'astre des nuits qui nous procure cet agrément, et son rayonnement sur l'eau semble changer la surface en un miroir d'argent.

A notre départ d'Odessa, la mer était un peu agitée par le vent, mais celui-ci est tombé et le calme plat lui a succédé, aussi, quelle charmante soirée!

Sur un banc, je fume une cigarette, rêvant aux étoiles et aux jolies Circassiennes que je vais voir bientôt, quand quelqu'un vient s'asseoir à côté de moi et engage, d'une manière fort aimable, la conversation.

Sur le pont d'un paquebot on a bientôt fait de se mettre en relations sans présentation, et puis d'ailleurs qui la ferait? Le plus simple est de se présenter soi-même, et c'est ce que fit mon interlocuteur.

« — Je suis Français, me dit-il, et comme, il y a un instant, je vous ai entendu parler de mon cher pays, je viens, si vous le permettez, en causer un peu avec vous.

« — Mais avec le plus grand plaisir, Monsieur. »

Il est si bon de parler de la Patrie et de la voir, dans le lointain, là-bas, travaillant sans relâche à la grandeur de cette renommée qu'elle doit conserver prestigieuse à l'égard des autres nations.

Je satisfais de mon mieux aux différentes questions que mon compagnon me pose, puis je l'interroge à mon tour, et j'apprends qu'il se dirige vers la Perse. Il est, me dit-il, le précepteur des enfants du grand vizir de Perse, S. A. Emin-Sultan, et remplit, en même temps, près de ce personnage, les fonctions de premier drogman ou traducteur. M. Yaldez, c'est son nom, est venu en congé en Europe, et voyage avec sa femme et ses deux fils de huit et dix ans.

C'est une bonne fortune pour moi que de pouvoir m'entretenir de la Perse, pays relativement peu connu, avec une personne aussi bien renseignée que M. Yaldez, dont la conversation imagée me captive. Je me renseigne sur le chemin à suivre pour aller à Téhéran où il se rend en ce moment. Le plus court et le plus sûr chemin, me dit-il, est de prendre le bateau de Bakou à Enzeli, premier port persan, puis de continuer jusqu'à Recht en voiture; de là, à cheval jusqu'à Kazvin, et de reprendre une voiture jusqu'à Téhéran. Il faut une dizaine de jours au plus pour accomplir ce trajet sans trop de fatigues; mais il n'est pas facile d'être compris en route, et il est prudent de se faire accompagner, de Tiflis, par un interprète au courant des usages du pays. M. Yaldez m'offre de faire le voyage avec lui, car il est porteur d'un talisman gouvernemental devant lequel tous les fidèles sujets du schah doivent s'incliner. J'accepterais bien volontiers cette aimable et tentante proposition s'il ne fallait pas faire seul le voyage de retour qui pourrait me mettre dans un grand embarras, car il n'y a aucun service organisé et l'on doit requérir chevaux et voitures et emporter non seulement les vivres de route, mais encore les moyens de les préparer, ainsi que les ustensiles les plus utiles. On ne doit point surtout négliger d'avoir un matelas de campement, car on risquerait de reposer sur la terre.

Le voyage de Perse est très séduisant de loin, mais quand on l'étudie dans ses détails, il donne à réfléchir, notamment en cette saison où la chaleur s'élève à plus de cinquante degrés centigrades.

Vendredi, 12 juin.

Nous voilà devant les côtes de Crimée, dont nous nous tiendrons à une faible distance; nous visiterons successivement Eupatoria, Sébastopol, Yalta, Théodosie et Kertch.

La Crimée ou Chersonèse Taurique doit son nom à la ville de Crim, autrefois capitale, et qui n'est plus aujourd'hui qu'une pauvre bourgade.

Dans la langue tartare, le mot Crim ou Krim voulait dire forteresse, et il pourrait dériver de *Kerem* qui, en mongol, traduit muraille, et que nous trouvons employé en langue russe dans l'expression kremlin, servant à désigner une citadelle entourée de murs comme celles de Moscou ou d'Astrakhan.

Cette presqu'île a été habitée par les Tauri, peuple féroce qui massacrait tous les étrangers venant aborder sur les rivages de la Péninsule et dont le nom a été donné d'abord à la Crimée toute entière, et de nos jours à une division territoriale.

La Crimée fit partie de la petite Tartarie, et un khan y résidait autrefois. Les Tartares, originaires du Turkestan, avaient formé, à la suite de leurs conquêtes, l'empire de la Horde-d'Or, qu'ils avaient divisé en khanats. En Crimée, où ils arrivèrent au xiiie siècle, ils trouvèrent des colonies de Vénitiens et de Génois avec lesquelles ils établirent des relations amicales, calculant immédiatement le parti qu'ils pourraient en tirer, et Eupatoria leur servit d'entrepôt pour leur commerce avec l'Anatolie.

Les khans de Crimée qui, à la suite de différentes guerres avec les Turcs, étaient devenus vassaux de la Turquie, furent ceux de la Russie, à partir de 1774, Catherine II ayant obligé la Porte à reconnaître l'indépendance de la Crimée. Trois années plus tard, le dernier représentant de la dynastie des Ghireï, qui exerçait le pouvoir depuis trois siècles, abdiqua au profit de cette nation.

L'impératrice Catherine II comprit tout le parti que l'on pourrait tirer de cette position comme place de guerre et créa la ville de Sébastopol (ville auguste), près du village d'Aktiar. Nicolas Ier aida puissamment à son développement et la fortifia.

Le sol de la Crimée est riche et fertile. D'immenses pâturages permettent d'y élever d'excellents chevaux et de grands troupeaux de bœufs et de moutons. Les côteaux se couvrent de vignobles dont les vins sont en voie de se faire une réputation d'ailleurs méritée. Les droits prohibitifs, dont le gouvernement russe a frappé les vins étrangers, feront connaître dans tout l'empire les produits criméens qui se créeront alors des débouchés importants.

XI

EUPATORIA

A quatre heures et demie du matin, nous mouillons dans la baie d'Eupatoria où, en 1854, les alliés débarquèrent pour aller assiéger Sébastopol, en passant par l'Alma et Inkermann. Eupatoria est située sur la côte occidentale de la Crimée et a neuf mille habitants.

Le soleil est déjà très élevé et brûlant. A terre, il n'y a rien à voir. De la rade, la vue s'étend sur toute la plaine et la ville construite en longueur sur le rivage.

Eupatoria se nomma Guezleva (en russe Koslofl), ou ville des « cent yeux », à cause des innombrables lumières que l'on apercevait la nuit, de fort loin, dans la plaine. Cette ville reçut des Russes son nom actuel en souvenir de l'antique Eupatoria, qui avait été fondée dans la Tauride par Mithridate-Eupator, le grand conquérant.

Se détachant des maisons, une vieille église, à coupoles surbaissées, est consacrée aujourd'hui au culte islamique, et un minaret cylindrique a été élevé à côté. L'église orthodoxe, avec ses toits verts et pointus, est presque voisine.

Une sorte de jetée en bois s'avance assez loin dans la rade, et douze petits voiliers ancrés témoignent d'un certain commerce maritime.

A l'est, on compte trente moulins à vent, destinés à broyer les blocs de sel que l'on récolte dans les lacs salins, situés en arrière de la ville, et sur les bords desquels des monticules de sel gris-noir forment de grosses bornes ayant l'apparence de granit. Tout le pays est plat et non boisé.

A six heures, nous repartons et naviguons en vue de la côte dont l'aspect est peu intéressant.

XII

SÉBASTOPOL

Nous arrivons, à onze heures et demie, à Sébastopol et ce n'est pas sans émotion que nous pensons à cette ville où des prodiges de valeur furent accomplis par de vaillantes troupes, au milieu de difficultés sans nombre auxquelles s'ajoutèrent les rigueurs parfois excessives du climat.

Notre paquebot franchit la passe que des forts très importants défendent, et s'avance dans le golfe pour se ranger ensuite contre le quai.

Le golfe de Sébastopol, large en moyenne d'un kilomètre, entre profondément dans les terres et se divise en plusieurs ports désignés sous les noms de port du Sud ou de Commerce, touchant à la mer Noire, auquel succède le port de guerre, dit des Amiraux, et la baie d'Inkermann. C'est par cette dernière que l'on remonte le fleuve Tchernaïa jusqu'au delà du village d'Inkermann.

Les cuirassés *Sinope*, *Ekaterine* et *Tchesma* sont dans le port.

Dès l'entrée du golfe, nous avons joui de la vue panoramique de Sébastopol, bâtie en amphithéâtre sur un mamelon de soixante-cinq mètres d'élévation. Deux monuments attirent les yeux en raison de leur position. C'est, en premier lieu, sur la droite, l'église Saint-Wladimir, dite des Quatre-Amiraux, bâtie en souvenir des quatre officiers généraux de la marine qui furent tués pendant la guerre de 1854-56, et où leur dépouille mortelle est conservée. Ce sont les amiraux Lazareff, Korniloff, Nakhimoff et Istamine.

Sur la gauche, un édifice de pierre grise, de forme rectangulaire et entouré de colonnes, construit sur le modèle très réduit de la Madeleine, à Paris, porte le nom d'église de Saint-Pierre.

L'appontement vient d'être posé et je descends immédiatement à terre avec un aimable compatriote, M. A. Lallemand, qui se rend également à Batoum et, de là, à Bakou, au devant de son frère qui revient de Samarkande. Un jeune Russe se joint à nous et nous fait voir les parties de la ville sur lesquelles notre attention doit être particulièrement fixée.

Il y a peu de monde dans les rues, car il fait bien chaud et le soleil est accablant. Les nouvelles constructions bordent de belles voies, mais tout paraît un peu mort, et on ne peut faire quelques centaines de pas sans rencontrer un triste souvenir de la terrible guerre, restant comme le témoin des désastres de cette époque glorieuse et néfaste. Ici, ce sont des bâtiments fermés, tout lézardés et, pour ainsi dire, abandonnés. Là, seuls, les murs sont restés debout, l'incendie ayant tout anéanti, et les briques, ramassées dans les décombres, posées les unes sur les autres, garnissent les baies des portes et des fenêtres. Plus loin, des constructions entières écroulées n'ont pas été relevées. L'impression que l'on ressent de tout cela est poignante, et le cœur se remplit de tristesse, car la pensée se reporte immédiatement vers les héroïques combattants qui, de part et d'autre, versèrent leur sang sur cette terre criméenne, considérée aujourd'hui comme l'Eden de la Russie.

Nous allons jusqu'à la colline Malakoff. Pour s'y rendre, on traverse toute la ville et on contourne le port des Amiraux pour passer devant la gare du chemin de fer et gravir la montée. On laisse alors, sur la droite, un village tartare très pittoresquement situé sur le versant même. Un peu plus loin, à gauche, dans une partie assez plane, des casernes et des établissements militaires importants avaient été élevés, mais le bombardement et les incendies n'ont laissé que de grandes murailles dans lesquelles se sont incrustés des boulets encore existants. Dans certaines parties, on a reconstruit d'immenses casernes que des troupes occupent, et on continue la réédification des autres bâtiments nécessaires à la défense, et détruits depuis bientôt quarante ans. D'ailleurs, pour se représenter ce que Sébastopol devait offrir de ruines après le siège, il suffit de penser aux quinze cent mille gros projectiles qui furent lancés contre cette formidable place de guerre.

Dans le lointain, on nous montre un bois, au centre duquel s'élève une pyramide. C'est le cimetière russe où cent mille hommes, affirme-t-on, furent enterrés. Le monument commémoratif contient une chapelle où l'on prie pour le repos de tous ces braves. Les Français et les Anglais ont leurs cimetières respectifs, mais, à notre grand regret, vu le peu de temps dont nous avons à disposer, nous ne pouvons nous y rendre, une certaine distance les séparant de la ville.

Nous voilà arrivés près de l'emplacement de la tour Malakoff. Un mur d'un mètre de haut enclôt le terrain qui environnait la tour et qui forme un petit cimetière planté d'arbres et d'arbustes. Sur ce mémorable bastion de Malakoff, l'on a élevé, en souvenir du 8 septembre 1855, une colonne de marbre sur laquelle sont gravés, en français, les vers ci-dessous :

> UNIS PAR LA VICTOIRE,
> RÉUNIS PAR LA MORT,
> DU SOLDAT, C'EST LA GLOIRE,
> DES BRAVES, C'EST LE SORT.

En revenant dans la ville, nous nous arrêtons au musée Totleben. A l'entrée, sous un berceau de verdure, deux mortiers nous indiquent tout d'abord ce que nous venons voir. L'on a donné le nom de Totleben à ce musée pour honorer la mémoire du célèbre général qui fut le promoteur, pendant la guerre de Crimée, d'une défense nouvelle que les Russes n'avaient jamais encore appliquée, et qui leur permit d'opposer une résistance redoutable aux alliés.

On a réuni, dans les salles de ce musée, toutes les reliques de la grandiose et inoubliable campagne, et l'on y a ajouté le portrait de tous les officiers qui s'y distinguèrent, les tableaux des flottes, les armes employées et des réductions des tentes, équipages, hôpitaux et moyens de défense qui furent alors en usage.

Après cette trop courte visite, nous rentrons à bord. Il est deux heures et demie, et le navire a lancé son dernier appel. Quelques instants après, il se détache du quai et reprend la mer pour Yalta.

XIII

YALTA LIVADIA

Le bateau est depuis fort peu de temps en marche lorsque nous apercevons, sur le sommet de la falaise, le monastère de Saint-Georges. La côte s'abaisse ensuite pour former la baie de Balaklava, devenue historique, se relève après et reste haute sur un long parcours, peu variée comme aspect, apparaissant sous des tons jaunâtres ou grisâtres. Elle se modifie complètement aux approches de Livadia. A une sorte d'infertilité succède une vigoureuse végétation, et les yeux se reposent agréablement sur des côteaux boisés qui descendent jusqu'à la mer. L'on voit quelques habitations de plaisance qui disparaissent par instants dans l'épaisse verdure. Au milieu d'elles se trouvent la villa impériale que nous distinguons bien. S. M. l'Impératrice de Russie y réside en ce moment et a près d'elle le prince Georges, son second fils, qui vient de terminer un voyage de circumnavigation méditerranéenne.

Lorsque je me trouvais à Constantinople, je fis, le dimanche 31 mai, l'excursion du Bosphore et, dans l'après-midi, au retour, par la côte d'Asie, le navire croisa l'*Amiral-Korniloff*. Le prince Georges, en costume gris, entouré de quelques officiers, se tenait appuyé sur le bastingage de la dunette d'arrière, contemplant la rive asiatique.

Nous arrivons à Yalta à cinq heures. Le paquebot aborde ordinairement au quai, mais cette fois, il mouille en rade, sa place étant prise par le yacht royal de Grèce qui vient d'arriver, ayant à bord la souveraine des Hellènes. Le quai de débarquement, tout pavoisé, est orné d'une tente de réception, dressée en l'honneur de Sa Majesté.

On nous fait descendre dans de grandes chaloupes qui nous emmènent à terre. A Yalta, comme partout ailleurs, l'on est un peu curieux, et le public s'est porté vers l'endroit où doivent passer les voitures de la Cour.

Au fond d'une baie charmante, Yalta occupe une position délicieuse, au pied de collines qui s'étagent et se peuplent de villas et de gentils chalets. Yalta tient de la station thermale et de la station estivale.

L'on conçoit parfaitement que la famille impériale de Russie ait choisi cet endroit de pleine tranquillité et de charme, privilégié par la nature et le climat comme l'est notre côte de Provence. En été, Yalta compte beaucoup de baigneurs et de résidents, et c'est bien certainement l'un des endroits les plus beaux de la Russie.

Nous prenons une victoria, attelée de deux beaux chevaux noirs de l'Ukraine, dont la queue ondoie et touche terre. Le harnachement est scintillant de plaquettes métalliques. L'ivostchick lui-même est très bien tenu dans son costume national de drap bleu foncé. On voit tout de suite que l'on est dans une ville de saison, et que la voiture, ne servant pas comme utilité mais comme agrément, doit être plus confortable et plaire comme ensemble.

Nous allons nous promener sur la Corniche de la Tauride, que l'on compare souvent à la Corniche française et qui a certainement bien des points de ressemblance avec elle, mais chacune a ses beautés et les deux corniches sont assez éloignées l'une de l'autre pour ne point se faire de tort. Nous passons devant la grille d'entrée de la villa impériale, puis le chemin nous conduit au-dessus de la propriété que nous dominons complètement ainsi que la mer bleue qui s'étend devant elle comme un lac d'azur.

Des cavaliers sont postés, de distance en distance, tout autour des murs. La route est très belle et très agréable; de beaux arbres l'ombragent et des plantes de toutes sortes fleurissent dans l'herbe qui tapisse le sous-bois. En passant, nous cueillons des roses qui s'enguirlandent aux branches des arbres.

Sur la droite, nous laissons un chemin ombreux qui conduit à Bachiséraï, villa qui a été mise à la disposition de S. M. la Reine de Grèce, pendant son séjour en Crimée.

Sur la route, nous remarquons une sorte de borne, richement décorée, qui sert de délimitation entre Livadia et Yalta. Pendant notre promenade, nous rencontrons la malle-poste arrivant de Sébastopol. C'est une voiture légère à quatre roues, munie d'une capote. Elle est attelée en troïka, c'est-à-dire de trois chevaux de front, et la caractéristique de cet attelage, c'est que le cheval, placé dans les brancards, trotte toujours alors que les deux autres vont au petit galop, la tête tournée en dehors. Au sommet de la douga, qui est ce cintre posé au-dessus de la bête du centre, sont suspendues deux clochettes qui tintent différemment pendant toute la durée du trajet. Elles préviennent non-seulement du passage de la voiture, mais elles animent, paraît-il, les chevaux. Nous voyons aussi des arabas, ou voitures grossières, conduites par des Tartares, et même des cavaliers indigènes, au costume pittoresque. Ces gens, si différents des Russes, comme race, présentent toujours un côté intéressant au point de vue ethnographique.

A notre descente de voiture, à Yalta, nous allons entendre un concert militaire dans le jardin de la ville. Nous rentrons ensuite à bord et arrivons au moment du thé.

En rade, deux cuirassés et *l'Amiral-Korniloff* envoient des projections électriques sur Livadia et Yalta, et en dirigent même sur notre paquebot. Ces expériences nous retiennent longtemps sur le pont. La nuit est très noire, et nous suivons avec plaisir le jeu des foyers électriques, qui nous font apercevoir, avec une grande netteté, tout ce qui se trouve dans le rayon lumineux.

XIV

THÉODOSIE

Samedi, 13 juin.

A quatre heures et demie du matin, le navire aborde au quai de Théodosie, formé par un débarcadère en bois sur lequel un chemin de fer, système Decauville, est installé pour la manutention des marchandises.

Un employé de l'Agence de la Compagnie de Navigation est mis à ma disposition et m'accompagne à travers la ville, peu importante, mais dont le développement s'accroîtra après l'achèvement de la construction de la voie ferrée, par laquelle seront apportés tous les produits de l'intérieur destinés à l'embarquement.

On déplacera ainsi le centre commercial de Sébastopol à Théodosie afin de conserver, à ce premier port, son caractère purement militaire, et éviter la présence d'un trop grand nombre d'étrangers.

Sur les hauteurs environnant la ville, je vais voir les restes des murailles et des tours élevées par les Génois. L'église principale est fermée ; j'avise, à côté, la demeure probable du sacristain et, quoique l'heure soit matinale, je n'hésite pas à marteler la porte à l'aide du heurtoir, puis j'attends le résultat de mon exploit. J'ai un demi-remords et je me trouve un peu cruel d'arracher cet homme au charme d'un doux rêve, mais pour ne pas trouver mon action mauvaise, je me dis également que je puis mettre fin à un cauchemar horrible qui fait venir une sueur froide sur le front de mon dormeur, et je n'ai plus de regret.

Une fenêtre s'ouvre enfin. Une forme humaine, surmontée d'un bonnet de coton dont la houppe se redresse, apparaît alors. Elle montre l'effarement d'un être revenant de voir le diable, et demande s'il y a le feu quelque part. Mon interprète le rassure, lui expose mon désir, et lui donne toute espèce de bonnes raisons pour excuser ce réveil qui semble intempestif.

Je ne trouve pas la récompense de ma persévérance, car l'intérieur de l'église n'est d'aucun intérêt, mais un touriste doit s'attendre souvent à des mécomptes de ce genre.

Le paquebot lève l'ancre à six heures pour Kertch, où il mouille en rade, à deux mille de terre. Il est midi.

XV

KERTCH

Kertch est situé près du détroit du même nom, faisant communiquer la mer Noire avec la mer d'Azoff. La ville est très importante et s'étend sur tout le rivage de la baie. Cette rade, peu profonde, oblige tous les navires à se tenir éloignés de terre. Un vapeur à roues, faisant un service côtier, vient accoster le paquebot pour prendre passagers et marchandises, car à l'endroit où nous avons mouillé, l'hélice, par son mouvement, faisait venir de la vase à la surface de l'eau.

Dans la baie, j'ai compté cinquante bateaux, soit à voiles, soit à vapeur, ce qui donne une idée du commerce maritime.

Aussitôt à terre, M. A. Lallemand, le jeune Russe et moi, prenons place dans une voiture pour nous rendre au « Tombeau du roi », qui est la grande curiosité de Kertch : six kilomètres nous séparent de l'endroit où ce mausolée a été élevé. Nous passons dans une plaine immense où la route est indiquée par une piste. Un monticule herbeux, voilà le tombeau. Nous avons sous les yeux un petit herbage entouré de murs bas et fermé par une sorte de herse en bois. Près de l'entrée, à gauche, est édifiée la maison du gardien. Nous nous engageons dans une allée à ciel ouvert et, après avoir fait quelques pas, nous atteignons les murs de soutènement, élevés en pente de chaque côté. Nous nous avançons dans l'allée couverte en pierres, posées les unes sur les autres en encorbellement. Elle est longue de dix mètres environ, large à la base de un mètre cinquante pour se terminer au sommet avec vingt centimètres d'écartement au-dessous de la dernière assise. Du sol à la partie supérieure, il y a cinq à six mètres. La sépulture était au fond de cette allée. L'endroit peut avoir dix mètres de hauteur. La voûte est posée sur une base carrée de deux mètres de côté sur deux mètres d'élévation. C'est alors que commencent les treize couronnes concentriques qui débordent les unes sur les autres de quinze centimètres. L'on trouve dans cette petite crypte trois vases cylindriques de cinquante centimètres de diamètre, avec leurs couvercles, contenant des os calcinés, quatre belles amphores, des parties de statues et des débris divers. Une belle jarre, d'un mètre soixante-cinq centimètres de haut sur un diamètre d'un mètre vingt, est formée de neuf couronnes. Tout l'édicule est recouvert de terre qui retombe en pente douce tout à l'entour. Du point culminant de ce mamelon artificiel, on a une très belle vue sur Kertch et la colline de Mithridate, où le grand conquérant fut enterré, et où l'on a élevé un petit édifice grec contenant un musée.

En arrière du tombeau, la plaine s'étend fort loin et, au bord de la mer, l'on a créé une belle propriété particulière.

On ne saurait négliger de visiter, dans la ville, le musée des fouilles qui est très intéressant au point de vue historique et local. Le conservateur doit être homme de goût, car tout y est disposé de manière à contenter les yeux, bien que les objets soient groupés par genres et provenances.

Pour ce qui a trait aux fouilles opérées à Kertch, je puiserai dans l'admirable *Géographie* de E. Reclus un passage qui jettera la lumière sur ce point [1] :

« A l'époque où la civilisation hellénique fit entrer les peuples de la Tauride dans le cercle du monde ancien, la race dominante de la contrée, désignée par les Grecs du nom de Scythes, comme tous les habitants des plaines du nord, appartenait certainement à la souche aryenne : les squelettes trouvés dans les tombes ne permettent aucun doute à cet égard. Grâce à leurs éducateurs hellènes, les Scythes de la Péninsule avaient fait les plus

[1] T. V, pages 827-828.

remarquables progrès dans les arts, et quelques-unes de leurs œuvres ne sont pas trop inférieures aux objets grecs, d'un goût exquis, qui furent trouvés dans les mêmes tombeaux et qui font la gloire des musées.

» Les collines qui dominent Kertch, l'antique Panticapée des Milésiens, contenaient naguère, dans leurs tombelles et leurs catacombes, d'immenses trésors, dont la plus grande partie a été transférée au musée de l'Ermitage, à Saint-Pétersbourg, et dans quelques collections particulières. Depuis plus de deux mille années, ces tombes, surtout celles des femmes, les plus riches en métaux précieux, sont exploitées par les chercheurs de trésors, et des fouilles récentes ont même amené la découverte de deux de ces mineurs ayant encore leurs pelles à la main au moment où le sol éboulé les engloutit. D'après les indigènes, les marchands gênois surtout ont été fort habiles dans leurs fouilles, et c'est au temps de leur domination que la plupart des tombeaux royaux des environs de Kertch auraient été dépouillés. Cependant, il en restait encore plusieurs, vierges de toute profanation, et dès 1816, le Français Paul Dubrux commençait des fouilles fructueuses dans les tombelles de Kertch; mais l'événement archéologique capital fut, en 1831, la découverte de la vaste salle funéraire, cachée dans l'intérieur du Koul-Oba, le « Mont des Cendres », situé au nord de Kertch : on y trouva, autour de deux squelettes d'un roi et d'une reine, tout un musée d'objets précieux : vases, statuettes, monnaies, pierres gravées, armes, bracelets, outils de toute espèce, car il était d'habitude que le mort emportât avec lui dans la tombe tout ce qui lui avait plu pendant sa vie; malheureusement, ce tombeau ainsi qu'un caveau inférieur, que l'on dit avoir été plus riche encore, fut pillé pendant la nuit par des centaines d'individus qu'avait attirés le bruit des trouvailles merveilleuses. Malgré la proclamation d'un pardon général et l'offre d'un paiement au poids de tous les objets trouvés, une grande partie de ces trésors, fondus au creuset, fut perdue pour la science. »

Pouvant disposer d'un certain temps avant de nous rembarquer, nous allons faire une promenade dans la campagne jusqu'à un petit village tatar, et nous revenons par le parc de la ville où nous faisons une station sous de grands arbres. Un restaurant et un café y sont installés. Nous rencontrons quelques officiers en train de se rafraîchir et nous allons faire de même. Pendant notre trajet, nous avons rencontré de braves Tatars, coiffés de leur gros bonnet de fourrure qui ne doit pas laisser passer les rayons du soleil.

Nous reprenons notre navire à aubes qui nous reconduit à bord de la *Grande-Duchesse-Olga*.

XVI

DE KERTCH A BATOUM

A six heures et demie nous partons pour Soukoum-Kaley, sur la côte de Circassie, où nous devrons être dans vingt-quatre heures.

Au coucher du soleil, qui a lieu à sept heures, alors que nous sommes en vue de la côte, le paquebot se trouve enveloppé par un brouillard qui épaissit à vue d'œil. A sept heures vingt, il est très intense. Les passagers ne sont pas sans ressentir quelque émotion ou éprouver quelques craintes, car la plupart voyagent chaque saison sur la mer Noire et savent que la Compagnie de navigation a perdu, depuis quelques années, sur cette même ligne, plusieurs navires par des temps semblables à celui-ci. La route que nous suivons est très fréquentée et l'on songe aux collisions possibles. Les officiers sont sur la passerelle, soucieux et recueillis, très attentifs au moindre bruit qui pourrait leur indiquer qu'un bateau se trouve à une faible distance afin de manœuvrer en conséquence. Leurs yeux cherchent à pénétrer cette couche de vapeur qui rend si dangereuse la navigation. Un matelot est placé en vigie sur le beaupré. Le sifflet de la machine résonne sinistrement toutes les trente secondes, puis tous les quarts de minute, montre en main. Le commandant fixe la vitesse du paquebot à huit nœuds, puis à six nœuds. Sur la dunette d'arrière, on échange des impressions qui ne sont pas faites pour rassurer les plus inquiets. Les passagers, qui ont couru un peu les mers, ne sont pas sans connaître les dangers auxquels le brouillard expose les navires, et saisissent l'occasion de raconter leurs traversées émouvantes.

A huit heures, le brouillard se dissipe, le sifflet ne se fait plus entendre, et la marche s'accélère afin de regagner le temps perdu.

Dimanche, 14 juin.

La nuit a été bonne ainsi que la matinée. Pendant l'après-midi, le navire roule. Le temps est beau, mais la houle de fond est très désagréable.

On nous signale, au milieu des cîmes du Caucase, le mont Elbrouz dont l'altitude est de cinq mille quatre cents mètres : c'est le plus haut pic de la chaîne.

A six heures, par un temps couvert, nous mouillons en vue de Soukoum-Kalcy. Une pluie fine se met à tomber. Le paquebot a jeté l'ancre à trois ou quatre brasses de la terre, la baie se montrant aujourd'hui inhospitalière. La ville paraît peu importante; elle ne put, en 1877, résister aux attaques des Turcs qui la brûlèrent.

Un débarcadère en fer s'avance dans la mer et se termine par un large escalier auquel peuvent aborder des embarcations. De plus, de petits escaliers sont installés latéralement. Bien que la pluie ne cesse de tomber, l'embarcadère est envahi par les Soukoumois auxquels la présence de notre paquebot offre un spectacle émouvant. La nature humaine est avide de sensations. Tout *littoralien* comprendra la curiosité des Soukoumois, car lui-même aura suivi, avec un intérêt anxieux, le bateau, jouet de la mer houleuse, qu'il aura aperçu au large, et s'il s'agit d'un embarquement difficile, pour rien au monde vous ne lui ferez quitter son poste d'observation où il puise des émotions diverses.

De nombreux Akbhases et Mingréliens, ainsi que des soldats, doivent se rendre à Batoum. Le roulis s'accentue, et l'embarquement de tous ces passagers va être bien difficile. Il ne peut s'opérer que par le petit escalier mobile et vacillant qui est suspendu à la muraille du navire. La houle de fond qui est produite par de gros temps ressentis au large est la plus traîtresse de toutes, et l'eau, à l'instant que l'on peut le moins prévoir, se soulève en une vague sourde très rapidement et s'abaisse de même. Il arrive que le bâtiment s'incline au moment même où la barque vient à toucher le navire. Un abordage s'ensuit. Il en résulte un craquement sinistre et quelquefois des avaries. Venir se ranger contre un bateau est une difficile opération que des marins expérimentés peuvent seuls tenter.

Nous suivons du regard, non sans anxiété, les grandes barques chargées de pauvres gens qui vont au Caucase. L'embarcation monte sur la vague, puis disparaît dans le vallon liquide pour se montrer à nouveau et toucher enfin au terme de sa course périlleuse.

Dans ces barques grossières, solidement construites pour résister aux assauts de la mer, des hommes, des femmes, des enfants sont entassés sans ordre au milieu de paquets sans nom. Ces Akbhases et ces Mingréliens, vêtus d'une longue tunique et coiffés d'un épais bonnet de drap ou de fourrures, se serrent contre leurs femmes et leurs enfants angoissés et ne perdent pas de vue leur mince bagage. Ce sont des montagnards que la mer effraie. Les visages de ces pauvres gens sont émaciés et maladifs, ils indiquent de dures privations, toute leur personne laisse beaucoup à désirer sous le rapport de la propreté, ce qui ajoute encore à la tristesse du tableau.

Le premier transport est près d'aborder, mais l'embarcation, quoique très grande, ne peut résister aux lames. Elle est d'abord renvoyée, puis jetée violemment contre le navire qui, lui-même, par son instabilité, fait suivre à l'escalier ce mouvement continuel qui place la première marche soit au-dessous de l'eau, soit de beaucoup au-dessus.

Le point capital est le transbordement. Il ne se fait pas sans danger. Au bas de l'escalier, deux adroits marins sont postés afin de pouvoir saisir les passagers au moment critique où ils quittent la barque, et beaucoup sont heureux de s'en tirer avec un simple bain de pieds.

C'est dans ces conditions que plus de deux cents personnes s'embarquent. Lorsque les autres convois viennent accoster, nous assistons à des scènes poignantes. Des vieillards, qui ont à peine la force de se tenir, tombent à diverses reprises dans l'embarcation, toujours secouée par la houle; des femmes, au visage hâve, faibles et chancelantes, déjà en proie au terrible mal de mer, sont emportées par de dévoués marins. De petits enfants, tendus à bout de bras par les matelots des barques à ceux de l'escalier sont, par suite du ressac, suspendus entre le ciel et l'eau, et les malheureuses mères, qui ont encore assez de force pour assister au débarquement, lancent, dans leur langage guttural, des cris déchirants.

Quelques gens descendent à Soukoum-Kaley et, parmi eux, un homme d'affaires ayant sous le bras un portefeuille assez volumineux dont il ne veut pas se séparer, mais comme on lui représente le danger qu'il y a pour lui à immobiliser un bras, il se rend à cette bonne raison et le confie à quelqu'un. Il est à peine arrivé au bas de l'escalier en se cramponnant à la rampe, que la mer monte et le mouille jusqu'aux genoux. Au moment où il avait fait ses plans et croyait pouvoir poser les pieds sur le bordage de la barque, celle-ci se dérobe et notre pauvre homme est menacé de prendre un bain complet quand, au moment psychologique où l'instinct de la conservation se manifeste, il trouve en lui assez de force pour rester attaché quelques instants à un des montants de la rampe. On s'empresse de le saisir et on lui épargne l'immersion complète.

Le grand reproche que l'on pourrait faire à tous ces passagers, c'est de ne pas avoir voulu remettre aux marins de service leurs minces paquets, de s'embarrasser les mains et de ne pouvoir s'aider suffisamment.

Enfin, après de douloureuses scènes, cet émouvant embarquement est terminé, et le navire lève l'ancre pour Batoum. Il fait mauvais temps et la table est mise avec les violons.

Lundi, 15 juin.

La nuit a été très mauvaise. Le bateau a roulé et tangué affreusement. A cinq heures, je monte sur la passerelle du commandant pour assister au spectacle de l'arrivée. Il ne pleut plus, mais le navire s'incline d'une manière effrayante à bâbord et à tribord.

Batoum est située dans une baie assez large et profonde. Son port est bon et l'on peut s'y réfugier en cas de tempête. Nous nous en apercevons par le changement qui s'opère dans la stabilité du paquebot à mesure que nous avançons vers le rivage.

Au milieu de bâtiments ancrés, le commandant me signale le stationnaire français de Constantinople. Après une habile manœuvre, le navire est rangé contre le quai de bois, que l'on consolide en vue du prochain débarquement de gros canons.

Notre traversée vient de se terminer. Il est six heures et demie. Nous avons parcouru sept cents milles marins.

Avant de quitter le paquebot *Grande-Duchesse-Olga*, je présente tous mes remercîments au commandant Nikanoff, qui s'est montré pour moi d'une grande courtoisie et dont les attentions m'ont rendu si agréable ce voyage.

EN TRANSCAUCASIE

DE BATOUM A BAKOU

PAR TIFLIS

XVII

BATOUM

Lundi, 15 juin 1891.

Quoique arrivé ce matin à Batoum, je me propose de partir par le premier train pour Tiflis, les deux heures dont j'ai à disposer suffisant amplement pour avoir un aperçu général de la ville.

La rade de Batoum, dont l'excellent mouillage est très apprécié, n'appartient aux Russes que depuis la guerre de 1877. Ceux-ci furent même repoussés devant cette place, mais les succès qu'ils remportèrent sur d'autres points leur permirent de se montrer exigeants. Les opérations dirigées contre l'Asie-Mineure tendaient secrètement à l'annexion de ce port.

Batoum est en effet la clef maritime du Caucase. C'est là que les produits de l'Asie arrivent pour être embarqués à destination de tous les points de l'Europe. Pour l'Asie centrale, c'est la voie la plus directe, aujourd'hui surtout que le chemin de fer va jusqu'à Samarkande, éloignée de deux mille sept cents kilomètres, que l'on pourrait franchir en cinq journées.

Dernièrement, l'on a émis l'idée de relier la mer Noire à la mer Caspienne par un canal. Ce projet, dont l'exécution présenterait des difficultés peut être insurmontables, ne semble pas devoir recevoir, du moins pour le moment, une solution favorable. D'ailleurs, que l'on songe aux capitaux énormes qu'il serait nécessaire d'engager dans cette affaire ; aux travaux considérables qu'il faudrait entreprendre pour creuser un canal de neuf cents kilomètres à travers une chaine de montagnes telle que celle du Caucase.

Les avantages commerciaux que l'on retirerait de cette nouvelle voie seraient bien problématiques. Les rivages de la Perse et de la province Transcaspienne sont fréquentés par des bateaux qui transportent les marchandises, soit à Bakou, d'où elles sont emportées par le chemin de fer, soit à Astrakan qui est en communication par la Volga et les canaux jusqu'à la mer Baltique. Le gouvernement a même l'intention de continuer la voie ferrée de Wladikawkas jusqu'à Pétrowsk, qui desservirait le cœur de la Russie et serait en même temps une voie stratégique très utile. On voit que ce ne sont pas les débouchés qui manquent, et l'entreprise d'un canal transcaucasien serait une œuvre qui, même menée à bonne fin, ne répondrait pas aux sacrifices qu'on se serait imposés.

Batoum est le grand entrepôt du naphte de Bakou. Du port, on aperçoit d'immenses réservoirs cylindriques de tôle peinte en gris dépendant d'usines importantes. Je visite l'une d'elles. Une des personnes attachées à l'établissement se met très obligeamment à ma disposition et me conduit d'abord près d'un train composé de wagons citernes remplis de naphte destiné à être conservé momentanément dans les réservoirs que nous avons vus. Ces wagons-citernes sont construits sur le même modèle que ceux qui servent en France et en Algérie à alimenter d'eau certains points des voies ferrées.

A l'extérieur des réservoirs, un tube de verre indique la quantité de liquide qui est contenue. Un système de pompes à vapeur fait passer directement le naphte des wagons dans les réservoirs, et ceux-ci communiquent entre eux par une tuyauterie munie de clefs qui permettent de le diriger vers telle ou telle partie de l'usine suivant les besoins. Je pénètre dans l'atelier des caisses dans lesquelles le naphte doit être renfermé pour être expédié plus commodément. Je vois comment se fabrique mécaniquement en partie un petit réservoir en fer-blanc. Les opérations successives sont : le découpage des morceaux, leur pliage pour former les côtés, leur agrafage et la soudure des pièces entre elles par immersion. La boîte est remplie ensuite et l'on soude le dessus. Ces récipients sont renfermés deux par deux dans des caisses en bois qui les protègent contre des chocs de toute nature. Les voilà prêts à voyager dans le monde entier. En quelques instants, j'ai assisté à l'opération complète de la confection, du remplissage et de la fermeture de deux de ces boîtes que tout le monde a vues. L'encaissage du produit et sa manutention coûtent plusieurs fois sa valeur.

Le naphte est également transporté en vrac dans des bateaux-citernes. Dans ces steamers tout en fer, la machine à vapeur est placée tout à fait à l'arrière pour éviter le plus possible les chances d'incendie.

Batoum est une ville naissante dont le développement s'opèrera assez rapidement en raison du trafic qui ne tendra qu'à augmenter, les communications intérieures étant rendues chaque année plus faciles.

XVIII

DE BATOUM A TIFLIS

La gare du chemin de fer est située près du port. A neuf heures cinq, je prends le train pour Tiflis, éloignée de trois cent quarante-sept kilomètres. L'heure des trains est celle de Tiflis, en avance de cinquante-huit minutes sur celle de Saint-Pétersbourg qui, elle-même, est en avance d'une heure cinquante-deux minutes sur celle de Paris.

On monte dans les wagons russes par les extrémités. Des portes donnent accès sur des passerelles qui réunissent les voitures entre elles. Le convoi n'est pas terminé comme ceux de France par un fourgon aux bagages. Aussi, je choisis le dernier compartiment. De la glace de la porte centrale, je verrai le panorama se déployer pendant quelque temps. En effet, je pus voir, tout le long du parcours, le paysage qui se modifiait au fur et à mesure de la marche, faisant ainsi passer sous mes yeux une série incomparable de tableaux pleins de grandeur sauvage.

Le trajet de Batoum à Tiflis se fait agréablement, l'esprit se trouvant distrait par les sites agrestes qui se déroulent sous les regards. La voie suit la vallée du Rioni, puis celle de la Kvrila qui est un de ses affluents.

En allant à Tiflis, l'attention se trouve particulièrement attirée du côté gauche, sur la chaîne caucasienne dont les premiers plans sont animés par des pâtres conduisant leurs troupeaux, et des paysans avec leurs chariots grossiers traînés par de grands buffles noirs. De petites constructions rustiques égayent les contrées que nous traversons.

A Santredi se rattache l'embranchement de Poti, d'une étendue de soixante-quatre verstes [1]. Il y a un arrêt de quinze minutes destiné à un rapide déjeuner préparé au buffet, où l'on fait connaissance avec les vins du Caucase.

Sur les quais, des enfants descendus des environs, offrent aux voyageurs de petites corbeilles fort bien confectionnées avec des feuilles vertes, et toutes remplies de fraises, de mûres, de cerises. La nature et la nécessité rendent ingénieux. Je me rappelle qu'en Norwège, où je me trouvais il y a dix ans, des enfants venaient au passage des trains offrir des fraises et des mûres des bois sur de petits plateaux en bouleau.

A Kwirila on a découvert de riches mines de manganèse actuellement en pleine exploitation.

Nous voilà à la station de Dzerouly. On nous présente des vases cylindriques faits en écorce de bouleau; une tige passe au travers et sert à les porter. De jolies fraises les garnissent et sont bien faites pour tenter.

La voie passe ensuite dans une cluse de rochers très élevés couronnés de verdure. La Kvrila baigne le pied d'une de ces murailles gigantesques.

A Bielagori sont établis de célèbres ateliers de poteries byzantines qui remontent à une haute antiquité (Thielman). De vieux montagnards apportent sur le quai de la voie des échantillons de ces poteries grises et bleues, assez originales. A cette station, les enfants ont encore varié le récipient dans lequel ils offrent leurs fruits. Ils ont confectionné de petits paniers en écorce de bouleau, avec une anse faite de ce premier tissu de l'écorce qui ressemble à une pelure. Je crois ces jeunes vendeurs moins honnêtes que les autres parce qu'après en avoir retiré les fruits, je me suis aperçu que le fond du panier était formé de deux grosses plaques de bois qui remplissaient bien la moitié de la hauteur. Au moment de l'acquisition,

---

[1] La verste mesure 1 040 mètres.

il est impossible de se rendre compte de la supercherie. Les fraises sont si délicieusement parfumées, qu'on ne peut pas tenir rigueur aux auteurs de cette petite fraude. Dans le train même ont pris place des marchands arméniens qui, pendant les arrêts, parcourent le quai en offrant leur marchandise.

A Béjatoubani, des gens de la montagne sont venus avec des cannes et des couteaux de diverses sortes, et ceux-là ne provenaient pas, je le certifie, des fabriques de Scheffields. Tout avait été fait, là-bas, dans un petit pays très industrieux, situé derrière un versant de la montagne. A Tcipa, on remarque de beaux travaux d'art nécessités par la nouvelle voie qui passe en souterrain dans le massif du Souram; auparavant, elle décrivait une courbe alentour. Avant d'entreprendre le percement du Souram, on désirait se rendre compte du trafic que produirait cette communication. On fut fixé en quelques années, et le tunnel fut décidé. Il a été creusé à plus de douze cents mètres d'altitude, et sa longueur est de quatre kilomètres. A Souram, les bois sont superbes et les aspects rappellent beaucoup ceux du Semmering sur la ligne de Vienne à Udine. On aperçoit sur un mamelon un vieux fort en ruines que la végétation envahit.

Lorsqu'on approche du tunnel, un employé place dans les lanternes des voitures, une petite bougie qu'il allume. On a lieu de s'étonner de ce parcimonieux éclairage dans un pays où le naphte ne coûte rien. Un ingénieur russe, parlant le français, veut bien se faire mon interprète auprès de cet agent pour lui demander pour quel motif de bonnes lampes ne sont pas installées dans les voitures. L'agent, singulièrement surpris de la question, répond que c'est par crainte d'incendie. Il faut venir dans le Caucase pour voir un aussi pauvre éclairage dans un train qui va continuellement à la source de la lumière et qui en revient avec de pâles lumignons qui éclairent à peine. Et remarquez qu'on ne peut admettre que la crainte d'incendie soit justifiée, alors que les paquebots sont éclairés par cette substance, et que le danger par le tangage et le roulis est autrement sérieux que dans un train qui effectue bien posément son itinéraire invariable sans être exposé, comme le sont les navires, aux tempêtes de la mer.

De la station de Varvarino, on découvre une plaine immense et très verdoyante. A l'horizon, les montagnes revêtent toutes les teintes jusqu'au noir le plus profond. La gare est une des plus belles et des plus confortables de la ligne. En avant des appartements, sont placées des terrasses en bois qui donnent beaucoup d'élégance à la construction.

La ligne télégraphique du gouvernement russe accompagne pour ainsi dire la voie ferrée ; une autre ligne voisine de temps à autre avec celle de l'Etat. Je demande qu'elle est sa destination, j'apprends que c'est la ligne indo-européenne qui traverse les Indes, la Perse et l'Europe, et dont le directeur anglais est à Tiflis. Les supports sont en fer et, de cette manière plus durables, la surveillance et l'entretien de cette ligne n'étant pas choses aisées.

Le chemin de fer transcaucasien est à voie unique avec de nombreux garages où nous croisons des trains entiers de wagons-citernes remplis de naphte. Dans un endroit de la ligne, on a posé un tuyau par lequel on fait franchir au naphte un certain nombre de kilomètres. Le produit d'un wagon venant de Bakou s'écoule dans cette conduite et est emmagasiné à nouveau dans un wagon qui le porte à Batoum. On avait même projeté d'établir une conduite de Bakou à Batoum, mais la somme énorme que cette installation aurait coûté, sans que l'on pût être assuré de son bon fonctionnement à cause des différences de hauteur, a fait reculer, devant l'exécution, les audacieux promoteurs de cette idée.

Nous sommes à Michaïlow à sept heures et demie, l'arrêt est d'une demi-heure pour le dîner. C'est ici que l'on quitte le train pour aller à la station estivale et thermale de Bordjom, située à neuf cents mètres d'altitude sur la Koura, au centre d'une contrée très boisée des plus agréables. Son Altesse Impériale le grand duc Michel, alors gouverneur du Caucase, décida du sort de Bordjom par la villégiature qu'il y fit. Le mouvement des estiveurs a bien diminué depuis quelques années. On considère cette résidence comme trop éloignée de Tiflis, centre politique et commercial, qui nécessite la présence presque continuelle des chefs civils et militaires ainsi que des grands commerçants. On préfère Kodjori, situé à quelques heures de voiture de la capitale Caucasienne, où l'on respire toujours un air frais.

Sur le quai de la gare, on constate une grande animation. On coudoie des gens de toutes les races portant des costumes qui attirent l'attention. C'est la première fois que je vois des hommes portant de curieux manteaux de peau en forme de chape, la fourrure en dessus, et coiffés d'un énorme bonnet conique en peau de mouton, dont la longue laine est teinte diversement. Les coiffures des Tatars de Crimée, déjà si volumineuses, paraîtraient petites à côté de celles-là.

Les physionomies de ces gens sont bien particulières et quelque peu farouches. Je me promène avec un compatriote quand deux de ces montagnards s'arrêtent devant nous et ouvrent sous nos yeux un petit sac renfermant du minerai, probablement plombifère, qui brille d'un vif éclat. Un russe, voyant que nous ne comprenons pas, nous explique que ces gens nous demandent si ce qu'ils ont ne serait pas de l'argent. Nous ne pouvons que leur conseiller de soumettre leur échantillon à un homme compétent de Tiflis qui déterminera la nature de leur trouvaille.

En dehors même de la gare, un assez grand nombre de curieux sont massés contre les barrières. Parmi eux, se trouvent quelques géorgiennes et mingréliennes d'une réelle beauté. Leur visage, presque toujours d'une grande pureté de lignes, est sans charme et sans attrait, parce qu'il manque de vie et d'animation. L'expression change complètement lorsque l'esprit est en jeu; les yeux deviennent expressifs, et si un sourire vient s'ébaucher sur les lèvres, on peut admirer sans réserve car on a devant soi ce que la nature peut offrir de plus beau dans son ensemble.

Les géorgiennes et les mingréliennes que nous voyons ont le visage entouré d'une mousseline blanche sous laquelle leurs cheveux sont serrés par un velours noir qui descend légèrement sur le front et est agrémenté de petits ornements d'or et d'argent.

Dans la foule, on peut noter une grande variété de types appartenant aux tribus caucasiennes. Le Caucase est en effet l'une des contrées du monde où se trouvent rassemblées le plus de races très tranchées comme mœurs et idiomes.

La nuit est venue ; à onze heures le train entre en gare de Tiflis. M. Stéfanini, avec qui j'ai fait la traversée de la mer Noire, et qui continue sur Bakou, me présente à un de ses amis venu pour lui serrer la main, et c'est à son obligeance que je dois d'être installé dans une voiture qui me conduit à l'hôtel du Caucase. La gare est éloignée de la ville, et pour me rendre à l'hôtel, situé, il est vrai, sur la rive droite de la Koura, il faut presque une demi-heure.

XIX

TIFLIS

Mon embarras est grand pour parler de cette ville, et voici pourquoi :

Ignorant la langue russe, il me fallait quelqu'un pour me guider et interpréter ma pensée pendant les quelques jours que je devais passer dans la capitale du Caucase. Les interprètes sont des auxiliaires précieux pour l'étranger. Dans la belle saison, ils voyagent avec des géographes, des ingénieurs ou des savants dans les montagnes caucasiennes, dans la Perse ou le Turkestan, et l'on risque fort de n'en point avoir lorsqu'on ne fait que passer quelques jours dans une ville. On ne put me procurer qu'un jeune

Arménien peu au courant des choses qu'un touriste doit voir. Toutefois, il traduisait mes paroles, cela me suffisait. Il était convenu que nous noterions ensemble les renseignements nécessaires à la clarté d'une description, même très sommaire, de Tiflis, ce que je n'aurais pu faire seul.

Deux journées avaient été passées à connaître la cité dans ses grandes divisions et j'attendais mon jeune arménien dans la matinée du troisième jour pour mettre un peu d'ordre dans tout ce que j'avais vu, quand on vint me dire qu'il était indisposé et qu'il serait probablement remis le lendemain.

Il ne vint pas et j'attendis vainement qu'il reprit près de moi ses fonctions; j'appris alors qu'il était depuis longtemps en proie à un mal très sérieux et même parfois dangereux, mais à l'égard duquel la contagion n'est pas à redouter. La science psychologique nomme ce mal « l'amour ». Une jeune mingrélienne a pour ainsi dire hypnotisé mon guide, et par la suggestion, l'oblige à venir près d'elle passer tout son temps. Je m'expliquai ainsi l'air triste et préoccupé que j'avais remarqué sur son visage, et l'empressement qu'il mettait à se retirer dès notre retour à l'hôtel. Voilà pourquoi je ne pourrai pas décrire Tiflis ! Seulement, M. Reclus a songé à tous ceux qui n'iraient pas au Caucase, ou qui, tout en y allant, pourraient avoir pour interprète un jeune homme amoureux. Aussi, c'est aux sources vives de son bel ouvrage que je puise les informations indispensables relatives à la vieille ville géorgienne.

« Tiflis, capitale de la Caucasie, et la plus grande cité de l'Asie russe, n'était, jusqu'au ve siècle de l'ère vulgaire, qu'un groupe de maisons bâties au bord de la Koura, qui se glisse dans une cluse de rochers, ne laissant au lit fluvial qu'une vingtaine de mètres de largeur. Nul endroit de la vallée n'était plus favorable pour la construction d'un pont fortifié sur la Koura, mais là était le seul avantage de Tiflis; le village ne pouvait grandir qu'en héritant du rang de centre politique et en devenant le point de convergence des routes de la Transcaucasie.

» Le nom Géorgien de Tiflis, Tphilis ou Tphilis-Kalaki, signifie
« Ville chaude » et provient, sans aucun doute, d'eaux sulfureuses thermales à 45° qui jaillissent près de la Koura, dans la fissure du Tsavkissi, au contact du porphyre et des schistes. On pourrait aussi lui attribuer ce nom « Ville chaude » pour la chaleur vraiment accablante que les roches nues des hauteurs environnantes répercutent en été sur le bassin de trois cent soixante-sept mètres d'altitude, dans lequel la ville s'est enfermée [1]. »

Tiflis a bien l'aspect d'une grande cité pleine de vie, et en fait, elle forme un véritable entrepôt entre le pays transcaspien, la Perse et la Russie. Toutes les tribus du Caucase y font parvenir leurs produits agricoles ou industriels. C'est un grand centre commercial.

L'animation y règne en tout temps, même aux heures les plus chaudes de la journée, où en ce moment le thermomètre dépasse 40° centigrades.

Tiflis se divise en ville géorgienne, ville russe et colonie. On désigne sous ce dernier mot un faubourg où habitent particulièrement des allemands fixés là depuis de longues années.

La partie géorgienne est bien la plus curieuse et la plus intéressante, mais, dans les deux autres quartiers, on constate facilement par l'architecture des habitations qu'on a le souci du bien-être et le désir de rendre plus supportables les chaleurs torrides de l'été.

La Koura se divise en deux bras dans Tiflis pour se réunir ensuite. Les constructions s'élèvent des rives du fleuve aux premières pentes, et présentent ainsi une disposition en amphithéâtre propre à satisfaire l'œil de l'amateur de pittoresque. Il n'y a pas deux toits voisins qui soient à la même hauteur, et cette irrégularité, qui, dans nos villes européennes, serait plutôt disgracieuse, devient ici un motif d'originalité architecturale.

[1] E. Reclus, *Géogr.*, t. V, pages 229-230.

On voit par endroits de larges balcons de bois, véritables dépendances des appartements, abrités par des toits et garnis de rideaux. C'est dans cette partie extérieure de la maison que l'on vit le plus en été. On s'y installe complètement. On y travaille, on y prend ses repas, on y couche même. Il suffit pour s'en assurer, de faire une promenade matinale. Ceux qui possèdent une terrasse, y passent les nuits étouffantes. J'ai constaté également cette habitude dans le sud algérien, et notamment à Bou-Saâda, où les terrasses restent pendant l'été, garnies de couches en bambous. Dans le jour, toutes ces personnes qui travaillent ou lisent sur leurs balcons donnent une animation singulière à la rue. C'est autre chose que les miradores de l'Andalousie ou de La Valette, dans l'île de Malte, qui sont des balcons très étroits et vitrés complètement. Ceux qui s'y tiennent semblent être des malades à qui le médecin aurait défendu de sortir et dont on satisferait la curiosité tout en observant les prescriptions du docteur.

Dans les miradores, les sièges paraissent être placés moitié dans la pièce et moitié sur le balcon. Ces avancés sur la rue, que les Anglais eux-mêmes apprécient dans leur pays, ont l'avantage de donner un peu d'espace dans l'appartement, mais, en somme, ils ont été créés par les gens curieux et les désœuvrés. On assiste ainsi au mouvement de la rue sans s'exposer à ses inconvénients et aux intempéries.

Si les galeries de Tiflis qui ont été adjointes aux habitations offrent en partie des avantages analogues, ce n'est pas cette préoccupation qui a prévalu, mais bien celle d'assurer, dans la mesure du possible, l'hygiène et le bien-être que le climat nécessitait.

Les maisons élevées sur caves et donnant dans une cour ou un jardin ont généralement une galerie qui entoure le rez-de-chaussée.

Les rues, larges pour la plupart, ont des trottoirs trop étroits, et le pavage laisse à désirer. Pendant tout l'été, on redoute la poussière, le système d'arrosage n'étant pas assez développé.

Le courant du fleuve est trop rapide pour faire flotter des barques, on utilise sa force pour faire marcher de nombreux moulins. Sur la rive gauche, de grandes roues à aubes actionnent des machines.

La ville est très étendue et peuplée de cent trente mille habitants environ, se répartissant en Géorgiens, Arméniens, Russes, Allemands, Turcs, Persans, Tatars, etc. Le recensement d'avril 1891 a donné l'indication de trois cent cinquante français dans le Caucase, dont cent soixante résidant à Tiflis.

Pendant les promenades que l'on fait à travers la cité, on rencontre toutes les races du Caucase, de la Perse et de la Transcaspienne. Ces gens, qui portent leurs costumes d'origine, offrent un champ d'études ethnographiques très vaste. Les uns sont artisans, les autres industriels ou marchands. La spécialité de leur travail ou de leur commerce les a fait se grouper en des quartiers respectifs, ce qui est une coutume orientale. A Tunis, par exemple, chaque souk ou corporation se donne un chef auquel l'administration générale est confiée et dont la mission est de régler les différends qui peuvent s'élever parmi les adhérents.

A travers les quartiers persans et géorgiens, on s'arrête à chaque pas pour voir fabriquer les armes si réputées et si recherchées par les amateurs, et rien n'est plus intéressant, en effet, que de suivre le travail dans ses phases successives, depuis le morceau de matière brute qui, sous la main expérimentée de ces habiles ouvriers, se transforme en une lame souple que des nielles et des damasquinures vont orner. C'est souvent pour le fourreau que la décoration la plus riche est réservée, et, à cet égard, la variété la plus grande existe dans l'ornementation. L'or, l'argent, le bois, les matières rares et les pierres précieuses concourent à faire de cet objet une œuvre tout à fait artistique. Le plus beau travail de ce genre que j'aie vu est le sabre légèrement recourbé qui avait été commandé pour être offert à l'Empereur, lors de son voyage dans le Caucase en 1888. Cette arme ne fut pas prête pour l'époque fixée et resta à l'artiste qui l'exécutait. Le prince Nakachidzé, avec qui j'eus l'honneur de me trouver dans la suite de mon voyage, s'était rendu acquéreur de cette arme magnifique et me la fit voir. L'œuvre est en effet de toute beauté. Le fourreau d'ivoire sculpté est garni d'anneaux d'or. La lame est une véritable merveille artistique.

On remarque avec plaisir ces vases et ces bibelots admirables, faits en métal, incrusté d'or, et d'argent qui demandent, de la part des artisans, une grande habileté de main et une patience à toute épreuve. Il faut voir surtout avec quels outils rudimentaires ils arrivent à exécuter tous ces travaux dans un atelier de quelques mètres carrés, entièrement ouvert sur la rue et fermé le soir par des auvents.

Une visite dans les bazars renseigne beaucoup sur la production industrielle de la région. Ils sont on ne peut plus curieux par la diversité des marchandises qu'ils contiennent et qui proviennent des contrées les plus reculées du Caucase, de la Perse et de l'Asie. Les tapis forment une branche importante de l'industrie des Caucasiens, et chaque tribu a son genre qui lui est particulier. La facture est toujours la même, telle elle était il y a des siècles, telle on la retrouve aujourd'hui. La tradition l'a conservée, et comme la civilisation n'a guère pénétré parmi les tribus du Caucase, ces dernières, comme les tribus arabes ou kabyles, n'ont pas modifié leur manière de travailler.

Les cuivres persans tout ajourés et ciselés sont remarquables. Les faïences de Perse si recherchées, sans atteindre le merveilleux coloris des anciens produits dont j'ai pu juger dans les mosquées de Brousse, offrent encore à l'œil de charmantes tonalités très caractéristiques et des formes particulières au pays de l'Iran. Les dessins de personnages et de motifs de décoration sont aussi d'une étude intéressante. On regrette beaucoup leur grande fragilité, et à Tiflis même, bien voisin de la Perse, on trouve bien peu de pièces intactes, les procédés d'emballage moderne étant encore inconnus dans les pays d'origine. Sous ce rapport, une bonne leçon des Chinois et des Japonais ne serait pas inutile, et sa mise en pratique permettrait aux collectionneurs de compter quelques spécimens de plus de cet art qui, bien qu'en décadence, mérite encore d'être apprécié.

La Perse fournit des soies originales, des velours très fins, plus jolis que ceux de Bokara, à mon avis, des toiles peintes et imprimées où se révèle un art tout à fait primitif. Les tapis persans sont plus estimés que les tapis caucasiens et se distinguent d'ailleurs par une facture toute différente. Ils sont généralement de haute laine, tandis que ceux du Caucase, sauf quelques exceptions, sont ras.

Le Turkestan, le Béloutchistan et l'Afghanistan produisent un nombre considérable de tapis. Chaque pays, chaque région a son modèle propre conservé par la tradition, et le connaisseur peut déterminer l'origine d'une pièce selon son dessin.

On peut dire que toutes les choses de l'Orient attirent invinciblement par leur charme et leur cachet. Peu de voyageurs résistent à la tentation de remporter quelque arme, tapis ou objet d'art auquel se rattacheront bien des souvenirs.

En sortant du bazar, on se mêle aux passants dans le mouvement incessant de la rue. Entre tous, les Tcherkesses se distinguent par leur costume original qui tient de celui du guerrier. Ils portent une longue tunique élégante, entr'ouverte, que rehaussent deux cartouchières disposées dans le même plan sur la poitrine, et prises à même l'étoffe du vêtement. Certains ont un sabre recourbé supporté par un baudrier, et à la ceinture, juste sur le devant, un long poignard. Le port des armes blanches est toléré dans le Caucase. Les Tcherkesses se coiffent d'un élégant papak en fourrure et se chaussent de bottes molles presque sans talon. La plupart de ces hommes ont de fiers visages, aux lignes correctes, qu'éclairent de jolis yeux pleins de vivacité. Leurs gestes sont nobles. La dignité de leur attitude, prévient en leur faveur et les rend immédiatement sympathiques. Le Tcherkesse rappelle, d'une certaine manière, l'Arabe plein de noblesse, qui, comme lui, aime les chevaux et les combats.

Je fus agréablement surpris de ne point retrouver à Tiflis les mauvais droschkis d'Odessa, et de les voir remplacés par de confortables victorias attelées souvent de deux chevaux, et conduites par de braves géorgiens. Ici, il y a un tarif qui dispense le voyageur de discuter continuellement avec son izvostchick le prix d'une course, situation désagréable, qui entraîne à des pourparlers. Un réseau très développé de tramways sillonne la ville et rend de grands services. Le sifflet avertisseur est remplacé par une cloche qui se fait entendre à tout instant. Ces sons aiguës portent sur les nerfs ; l'emploi que l'on fait de cet instrument étant parfois abusif.

Pour bien voir Tiflis à vol d'oiseau, je suis monté sur la partie la plus haute de la colline, qui porte les murailles en ruines de la forteresse de Narakléa.

Tout d'abord, les yeux se portent dans le lointain et n'aperçoivent qu'un cirque de montagnes desquelles un pic neigeux se détache. A leur pied, enserrant la cité, s'étendent d'immenses terrains infertiles. La ville nouvelle, aristocratique, s'est élevée immédiatement au-dessous de la colline. C'est dans cette partie que se trouve le Consulat de France. Les maisons sont couvertes de tuiles rouges ou de plaques de fer peintes en couleurs vives, qui produisent un aspect gai au milieu des bouquets de verdure placés entre chaque groupe d'habitations. Toute l'ancienne ville que la Koura divise en deux lignes sinueuses est d'une tonalité grise, sans verdure aucune, qui déplaît à l'œil.

Les principaux monuments sont : le palais du général gouverneur du Caucase, le musée militaire, inachevé, de style persan, le musée des curiosités, le théâtre, le palais de la municipalité, au sommet duquel deux veilleurs se tiennent jour et nuit sur la plate-forme d'une tourelle, prêts à signaler les incendies qui, dans cette ville, auraient des conséquences fâcheuses, en raison des nombreuses constructions en bois. Vers le centre de la ville, le parc Alexandre, avec ses grands arbres, offre un endroit d'agréable repos. On y a élevé une petite chapelle commémorative de l'accident de chemin de fer de Borki, auquel échappa miraculeusement la famille impériale de Russie.

L'école de filles, fondée par la grande duchesse Olga Fédérowna, femme du grand duc Michel, ancien gouverneur, ressort entre tout, par ses imposantes proportions et sa couleur rougeâtre.

Au loin, en remontant le cours du fleuve, les regards se reposent sur un lac de verdure qui est le parc de Mouchtaïd, rendez-vous de la société tiflissienne.

Un des principaux attraits de Tiflis est, sans contredit, le Musée des Curiosités. Le jour où je m'y présentai, on ne pouvait le visiter. Je pensai immédiatement que M. H..., pour qui Mme la princesse Orbéliani avait eu la bonté de me donner une lettre d'introduction, pourrait faire lever la consigne en ma faveur, et mon espérance ne fut pas déçue. M. H... était un ami du Directeur. Nous nous rendîmes immédiatement au musée, et après quelques paroles magiques, je pus pénétrer et admirer à loisir les richesses et les merveilles qu'il contient.

Pour entrer dans le musée, je passe dans un petit jardin où l'on a disposé des débris de monuments antiques, auxquels des plantes fleuries servent de cadre. De grandes cages, ombragées par des arbres, renferment des aigles qui semblent regretter les vastes espaces, et paraissent souffrir de la chaleur de l'endroit où l'air est peu renouvelé.

Un perron de quelques marches, et on entre dans un vestibule décoré dans le style persan. On remarque le portrait photographique de l'impératrice actuelle. Sur un pupitre, une feuille, protégée par une plaque de verre, porte les signatures des deux souverains et de leurs fils. Ces signatures sont caractérisées par un trait énergiquement tracé au-dessous des noms. Une vue panoramique de Tiflis est suspendue à la muraille.

La première salle est consacrée à la paléontologie et à la minéralogie. Des cartes très détaillées, des graphiques, des dessins d'appareils et des vues photographiques garnissent les murs. Sur les tables, des plans divers en relief sont très soignés comme exécution. Dans cette salle, ce qui m'attire, c'est l'industrie du naphte. Voici toute une rangée de tubes de verre contenant des échantillons de naphte naturel ou des substances qui en sont tirées. Dans la presqu'île d'Apchéron, où le naphte est en grande abondance, l'on a creusé des puits par l'orifice desquels il se répand à la surface du sol. Lorsque le forage du puits atteint la nappe liquide, le naphte qui était retenu dans la terre, jaillit à une assez grande hauteur. Pour éviter de perdre une certaine quantité de liquide, on place immédiatement à la bouche du puits un capuchon de fonte affectant la forme d'un coude de tuyau. Celui que j'ai sous les yeux a sept centimètres d'épaisseur et montre un trou de cinquante-cinq centimètres sur trente-cinq centimètres, fait en quelques heures par le naphte qui, dans son ascension, entraîne du sable. On essaya d'une plaque de fonte de quinze centimètres d'épaisseur sur un mètre cinquante de longueur et cinquante centimètres de largeur. Cette plaque, qui est également au musée, fut percée en deux endroits, et profondément creusée dans une troisième partie, par la même source jaillissante. On peut, par ces spécimens, se rendre compte de la force ascensionnelle que possède ce liquide, lorsque la poche qui le contient vient à être ouverte.

Dans la deuxième salle, on a placé un très beau plan en relief de tout le Caucase. Cette pièce est très vaste et a été réservée à la faune caucasienne et transcaspienne.

Le docteur Radde, un savant naturaliste, est le conservateur de ce magnifique musée, et c'est à lui que Tiflis doit de posséder des collections d'un très haut intérêt que l'on ne retrouve nulle part ailleurs en Europe.

Tous les muséums que j'ai visités avaient un aspect quelque peu froid et triste. Les animaux quels qu'ils soient, bien rangés par famille, sur des rayons de vitrines, dans une attitude semblable, fixés à leur planchette ou leur perchoir peints en blanc, ne respirent aucune vie, tandis qu'ici c'est tout différent.

Et à quoi cela tient-il, me direz-vous ?

Simplement à une disposition qui procède de la nature même. Chaque animal a été placé dans sa position la plus naturelle, et dans son milieu de vie habituel. Cet arrangement, plein de goût, frappe l'imagination bien autrement qu'un front de mauviettes qui paraissent exécuter un mouvement d'ensemble sous le commandement du chef de file.

Pour arriver à ce résultat, il ne fallait pas inventer, mais copier, reproduire artificiellement le milieu d'action des bêtes, et l'on y est parvenu dans la perfection. Un endroit caillouteux, une roche factice, une partie de désert ou de marais sont animés par tout ce que le Créateur y fait vivre. Pour certains animaux, des fonds de peinture, exécutés avec beaucoup d'art, donnent l'illusion de l'espace ou des lointains. Voici un oiseau dont les ailes sont à demi étendues comme s'il venait se poser à terre. Il est ingénieusement fixé à la muraille, et en arrière, des nuages légers moutonnent dans le ciel. Il donne l'impression de la vie et ne paraît pas, comme ses pareils, placés dans une position analogue, attendre pour s'envoler qu'on ait appuyé sur le bouton d'un ressort quelconque.

Là est un rocher, aux formes capricieuses, que des gazelles, des mouflons, des antilopes gravissent pour aller brouter quelques herbes que l'on voit sur le sommet. Un tableau intéressant, celui du chameau tombé de fatigue et d'épuisement dans le désert. Son corps est allongé sur le sable, le ventre ballonné, les membres raidis. Sa tête et son long cou se sont agités dans les dernières convulsions d'une agonie cruelle, et la langue, après la respiration finale, est restée hors de la bouche.

La caravane est passée, l'abandonnant. Mais, peu après, l'odeur de la chair se répand dans l'air, et de voraces animaux arrivent pour se repaître de ses entrailles encore chaudes, qu'un chacal commence déjà à dévorer. Des vautours et un aigle s'attaquent au corps, et un corbeau a choisi la tête.

Cette scène est frappante de réalisme, sans être repoussante. Pour être plus complète, j'aurais voulu une nuée de mouches, hôtesses habituelles de ces tristes banquets.

Mais, me direz-vous, pourquoi reproduire un aussi désagréable spectacle au lieu de représenter, par exemple, un dromadaire couvert d'amulettes portant un palanquin formé de riches étoffes, ce serait infiniment plus gai. Oui, c'est vrai. Toutefois, si l'on veut connaître ce qui a lieu fréquemment dans la nature, c'est à un tableau de ce genre qu'il faut s'attacher. C'est là qu'est la réalité décevante où l'on puise des enseignements. Ce n'est pas récréatif, mais un musée doit être presque une école pour ceux qui se préparent à de difficiles voyages; et une source d'études pour ceux qui restent à leur foyer, et doivent se contenter des récits des voyageurs. Les lecteurs se rendent mieux compte de l'exactitude des faits qui leur sont décrits et des scènes, parfois si navrantes, qu'ils seraient tentés de les taxer d'exagération.

Je vois ensuite un arbre d'où une ourse et ses oursons contemplent les visiteurs.

Dans un hémicycle, une vue de la Koura est représentée en perspective avec ses sinuosités. Au premier plan, de hauts roseaux semblent ondoyer sous la brise légère. En avant de ce tableau, on a formé un sol ayant toutes les apparences d'un terrain marécageux garni de plantes desséchées. Au milieu de roseaux naturels et de hautes herbes on a placé plus de cent sortes d'oiseaux, depuis le pélican, le flamant et le héron, jusqu'aux plus petits qui se dérobent sous les feuilles. Ce ravissant paysage, plein de vie, est très séduisant par les attitudes multiples des oiseaux. Lorsqu'on arrive près d'eux, on serait tenté de frapper des mains pour les faire voleter.

Loups, hyènes, sangliers, panthères, cerfs, biches, etc., peuvent être observés dans cette salle. Parmi les oiseaux, il en est un que l'on capture rarement au Caucase, c'est un paon entièrement blanc, dont la queue est disposée en éventail.

Une grande vitrine, extrêmement intéressante, contient tous les petits sujets de la province transcaspienne, exposés avec le même goût que le reste.

Dans deux autres petites salles, des collections ichthyologiques et conchyliologiques ont été installées. Un immense poisson occupe le centre de l'une de ces pièces. Je relève sur sa carte « Acipensa huso. » Ce poisson d'eau douce, d'une extraordinaire grandeur, mesure trois mètres et pèse, sans ses œufs, cinq cent vingt-huit kilogrammes.

Les pêcheries de la Koura sont très fructueuses ; on les afferme, pour trois années, un million de roubles, soit environ trois millions de francs.

Une baleine, venue on ne sait d'où, s'échoua, il y a quelques années, dans les environs de Batoum. Les pêcheurs, ne prévoyant pas l'importance que leur capture pourrait avoir pour les savants du Caucase, la dépecèrent et jetèrent certaines parties à la mer. On ne put sauver du colosse que quelques débris que l'on conserve au musée.

Dans une de ces salles on a fixé au mur cinq vitrines renfermant quatre-vingts types de têtes d'hommes et de femmes du Caucase, dont la partie antérieure seulement a été modelée. Ces figurines ont une hauteur de dix centimètres.

On se rend au premier étage par un vaste escalier qui aboutit à un vestibule décoré de panneaux peints à fresque. Les sujets représentent :

Prométhée, enchaîné à un rocher, un vautour lui dévorant le foie. Trois sirènes viennent lui faire regretter doublement son audacieuse idée.

David, roi de Géorgie.

L'arrivée des Argonautes en Colchide.

Jason et Médée.

Noé plantant la première vigne.

Tamar, reine de Géorgie.

Deux fières amazones, à la chevelure d'or, montées sur des chevaux, l'un noir, l'autre blanc, couverts de peaux de tigres.

Dans les grandes salles où je m'avance, le plafond, de teinte blanche, est orné de très jolis motifs de tapis peints avec beaucoup de goût. Une bande se déroule en bordure en s'arrêtant aux angles pour former des fleurons. La rosace centrale rappelle le dessin de l'encadrement. L'ensemble est gracieux et original.

Le premier étage renferme tout ce qui se rapporte à l'ethnographie proprement dite. Sur les murailles, des artistes ont rendu, par la peinture, les aspects des contrées où vivent ordinairement les populations de races si multiples dont on a sous les yeux un type de grandeur naturelle. L'on a ainsi une idée exacte de ce que l'on voit, et l'intelligence des choses exposées est complète. Les types d'individus, hommes, femmes et enfants, sont au nombre d'une soixantaine, appartenant à la Caucasie ou à la Transcaspienne, avec leurs costumes authentiques et variés. Ils se tiennent dans les attitudes qui leur sont habituelles et forment des groupes.

Géorgiens, Akbhases, Ossètes, Avares, Lesghiens, Tatars, Nogaïs, Kirghiz, Circassiens, Arméniens, Mingréliens, Kurdes, Persans, Turcomans, Kalmouks, Tcherkesses, etc., sont fidèlement représentés, se livrant à une industrie ou à un travail des champs, accomplissent une tâche, ou réunis pour converser.

On remarque des modèles d'habitations élevées de terre comme j'en ai vu de Batoum à Tiflis, et plus tard en allant à Bakou.

Des vitrines montrent de riches costumes et des objets d'usage d'un fini absolu. Il est impossible d'énumérer toutes les richesses placées sous les yeux. Voici des narghilés en terre et en métal ciselé, des gourdes, des instruments de musique pleins d'attrait. Puis, sur de vastes tables, on a disposé des instruments aratoires, des hachettes, des charrues. A côté, je vois une selle bokharienne en bois, ornée de peintures délicates; une bride du même pays est accrochée au pommeau. Voici des poteries de toutes sortes, des lits, des métiers, des rouets, des objets de vannerie, des récipients en bois, des cages à oiseaux, des modèles de bateaux, des engins de pêche, etc.

Toutes les races énumérées ci-dessus excellent dans les travaux délicats, et je n'en veux pour preuve que les jolies ciselures qu'ils pratiquent sur les armes, plats, aiguières, narghilés, cassolettes, coffrets, écritoires, etc. Tout cela est d'une grande finesse et démontre un sentiment artistique développé. Il y a des émaux de toute beauté.

Cent cinquante petites statuettes font connaître tous les types de la Russie, ainsi que les costumes adoptés par les familles.

A terre, des tapis de toutes sortes, de tous les pays caucasiens et transcaspiens, concourent à la décoration, tout en donnant à ces salles d'enseignement un air de salon. De petits meubles sont disposés çà et là avec goût.

Dans une salle supérieure, divers souvenirs antiques ont été classés. A citer notamment de grands plats en cuivre hollandais très artistiquement ouvragés, trouvés en Asie, dans le Turkestan. On suppose que ces plats étaient des présents offerts par la Hollande au gouvernement d'un Etat asiatique, près duquel une ambassade avait été envoyée, mais que celle-ci fut assassinée et que les richesses tombèrent aux mains des meurtriers.

A noter également de belles faïences, provenant des mosquées de Bokhara et des fabriques persanes. Elles ont de riches coloris et des reliefs très accusés.

Le musée de Tiflis offre au travailleur un champ d'études extrêmement vaste et précieux, à raison de l'authenticité rigoureuse de tous les objets groupés avec science.

Pendant la saison estivale, les distractions manquent à Tiflis, aussi, la foule se rend elle chaque soir, jusqu'à minuit, au parc de Mouchtaïd, à une petite distance de la ville. De très bons tramways y conduisent; sur tout le trajet des maisons ont été élevées, des propriétés créées. Aux abords du parc, des cafés en plein air retentissent de bruyantes musiques. On peut souper frugalement dans ces établissements, et même s'y reposer en des salons particuliers, mais l'extérieur n'en est pas engageant.

Le parc de Mouchtaïd est très apprécié, et l'on s'y rend avec empressement. Une fraîcheur agréable règne sous ses beaux ombrages. Un café-restaurant, un peu primitif peut-être, est à la disposition des promeneurs.

Dans un kiosque, une musique militaire fait entendre son répertoire pendant toute la soirée.

Des officiers, aux brillants uniformes, se mêlent aux Tcherkesses élégants et flirtent, le sourire aux lèvres, avec des tiflissiennes charmantes qui suivent avec un intérêt marqué nos modes parisiennes. Elles portent de ravissantes toilettes claires qui donnent des notes très gaies dans toute cette verdure.

Dans une partie du parc on a construit une école de sériculture qui sera ouverte très prochainement.

XX

KODJORI

De Tiflis, il ne faut pas manquer de faire l'excursion de Kodjori.

Pendant une soirée passée au parc de Mouchtaïd, je fis la connaissance d'un jeune homme qui avait fait ses études à Paris. Il m'offrit de me rendre avec lui à Kodjori, et je n'eus garde de refuser une si courtoise invitation.

A neuf heures, par une atmosphère très pure, je prends place, avec M. Markaroff, dans une victoria attelée de quatre chevaux de front, que l'on appelle une tcheverka, et notre équipage se dirige vers les hauteurs d'où j'ai aperçu Tiflis à vol d'oiseau.

En nous engageant sur la route de Kodjori, nous laissons à gauche le jardin botanique. Le budget d'entretien de cette route est alimenté par un péage que l'on acquitte en passant.

Kodjori est un petit village situé à quatorze cents mètres d'altitude et à vingt kilomètres de Tiflis. Le trajet qui se fait par une série de lacets est très attrayant, et l'on éprouve une grande satisfaction à sentir, à mesure que l'on s'élève, un air frais et vivifiant qui pénètre dans les poumons et donne pour ainsi dire plus de force.

Pendant tout l'été où les chaleurs sont accablantes en ville, on se rend à Kodjori. La proximité même de cet endroit le fait apprécier. Une eau délicieuse et presque trop froide s'y trouve en abondance.

Un petit Casino y a été créé, et mon compagnon me dit qu'en pleine saison la danse et le flirt y sont en honneur.

Après un excellent déjeuner, arrosé de vins du Caucase apportés par M. Markaroff, et une promenade dans les alentours, notre équipage nous a ramenés à Tiflis, alors que les étoiles commençaient à briller.

Cette excursion sera l'un des bons souvenirs de mon voyage au Caucase, en raison même de la manière dont je pus la faire. Que M. Markaroff veuille bien en recevoir ici tous mes remerciments.

Avant de quitter Tiflis, je tiens également à remercier M. de la Chaume, consul de France, vers qui vont toutes les sympathies, et dont j'ai pu apprécier la courtoisie par les attentions dont j'ai été l'objet de sa part.

XXI

DE TIFLIS A BAKOU

Lundi, 22 juin.

Je quitte Tiflis à minuit et quelques minutes pour Bakou. Le voile de la nuit dérobe la vue. A Elisawtapol où le train passe vers sept heures, on se trouve dans des plaines d'une grande tristesse. Ce sont les steppes du Moughan. Jusqu'à Bakou où l'on arrive à six heures et demie du soir, c'est toujours le même désert brûlant, sans habitants, animé quelquefois par un convoi de chameaux dont les corps anguleux se silhouettent sur le sable. Aucune végétation ne vient récréer les yeux. Ce pays désolé fait un contraste violent avec les montagnes si belles et si boisées que la ligne traverse de Batoum à Tiflis.

De nombreuses gares sont encore à construire, et, en attendant, le chef de station et sa famille sont installés dans des wagons à marchandises auxquels un escalier de bois donne accès. Je crois que, par la chaleur tropicale que nous avons, ces demeures doivent être intolérables. D'ailleurs, dans diverses stations, des constructions en fer très élevées, rappelant, par leur structure, la tour Eiffel, offrent deux plates-formes où le personnel de la voie peut trouver un peu de fraîcheur et de repos.

L'air brûlant, qui passe sur ces plaines infertiles et desséchées, semble sortir de la bouche d'un four. Aux arrêts du train, les voyageurs se précipitent vers le comptoir pour prendre quelque consommation qui n'arrive pas à apaiser cette soif inextinguible que l'on a. La meilleure boisson est encore le thé chaud que l'on se procure facilement et dont on n'a pas à redouter les effets pernicieux qui résultent de l'absorption de boissons froides.

En approchant de Bakou, on côtoie des marais. Les contours de quelques collines forment la ligne d'horizon, puis la Caspienne apparaît.

Je remarque alors de jolis petits oiseaux dont le ventre est vert, le dos et les ailes bruns. Ils sont posés sur les fils du télégraphe et ne paraissent pas souffrir de la chaleur. Ils sifflent et chantent, et donnent, depuis le départ, la première note gaie de notre trajet.

Le train passe dans Tchernagorod (la ville noire), où sont installées de nombreuses raffineries de naphte, et il entre bientôt dans la gare de Bakou.

Au silence du désert succède une vie intense qui doit rappeler les débuts de certaines villes américaines où l'on venait de découvrir des placers.

La gare est monumentale et de très bel aspect. En l'élevant, on a songé au développement que Bakou prendrait par suite des richesses contenues dans son sol, et on ne s'est point trompé, car la population augmente chaque année dans de notables proportions.

Une petite distance sépare la ville de la gare, mais des voitures de place vous emmènent rapidement vers la cité.

PÉNINSULE D'APCHÉRON

BAKOU

XXII

BAKOU

L'ancienne ville persane n'avait, il y a vingt-cinq ans, que quelques milliers d'habitants et elle en compte cent quinze mille aujourd'hui.

Autour des constructions primitives d'un cachet particulier, édifiées pour la plupart sur un petit mamelon, la ville européenne s'élève et déjà elle envahit les alentours. Dans peu d'années tout l'espace qui s'étend entre la mer et la gare sera complètement bâti.

Bakou fut jadis le chef-lieu d'un petit Khanat indépendant qui devint ensuite vassal de la Perse. Celle-ci le céda aux Russes en 1723, se le fit rendre en 1735 et se le vit reprendre en 1801 : la possession en fut confirmée à la Russie en 1813 avec le reste du Chirvan [1].

Les adorateurs du feu s'y étaient établis depuis l'antiquité. Ils avaient des temples où le naphte brûlait continuellement sur les autels au dessous desquels il arrivait directement du sol.

[1] Dict. de Bouillet.

Les Guèbres y pratiquèrent longtemps la religion de Zoroastre. Les derniers prêtres de ce culte durent se retirer vers 1850, mais lorsque le tzar visita la Transcaucasie, en 1888, on restaura le seul temple qui existât encore, et on fit venir de l'Inde, où ce culte a toujours des fidèles, des prêtres parsis qui accomplirent certaines cérémonies mazdéïstes.

En 1878, la ville n'était pas encore éclairée la nuit, et on ne voyait pas une lanterne dans la cité du naphte. Les grands personnages se faisaient accompagner le soir par des Cosaques portant des torches [1].

Il n'en est plus de même à présent, ai-je besoin de le dire, et on est assuré de trouver un éclairage suffisant.

Le port est parfaitement sûr. Il forme un hémicycle bien abrité par les collines qui entourent Bakou. Pendant tout le temps de la navigabilité de la Caspienne et de la Volga, il y règne une animation qui peut être comparée à celle des plus grands ports de la Russie.

Tout le long des quais, de belles maisons européennes ont été élevées, et ce sont les plus agréables à habiter, tant en raison de la vue, que pour l'effet de la brise de mer qui est si recherchée durant tout l'été.

M. Stéfanini, dont j'ai fait la connaissance sur la mer Noire et que je vais voir, est installé dans une de ces habitations. Au moment où j'arrive, il est occupé sur sa galerie à revoir une volumineuse correspondance. On retrouve à Bakou le même genre de balcons que ceux de Tiflis qui permettent de travailler dans une sorte de courant d'air léger bien utile par une chaleur de quarante degrés centigrades.

M. Stéfanini a la courtoisie de mettre a ma disposition un jeune homme attaché à ses bureaux et parlant le français, avec qui je pourrai visiter Bakou. Cette amabilité a d'autant plus de prix pour moi, que la difficulté est réellement très grande, en Russie plus qu'ailleurs, pour le voyageur qui

---

[1] E. Reclus, *Géog.*, t. V, p. 248.

ne peut arriver à se faire comprendre et peut ainsi omettre parfois de voir des choses intéressantes.

Ce qui frappe à Bakou, c'est l'absence complète de végétation. La presqu'île d'Apchéron fait suite aux steppes du Mougham. C'est la désolation que l'on constate partout et l'aridité sans exception. C'est à peine s'il y a de l'eau potable, encore faut-il l'apporter d'assez loin; de là économie dans son emploi; toutes les mesures hygiéniques s'en ressentent. Malgré toutes les richesses de la contrée, il faudra renoncer à faire un éden de Bakou.

Les quais du port sont très beaux, et, le soir après le coucher du soleil, offrent un endroit agréable pour se promener. « Une vieille tour isolée, en forme de cône tronqué, se dresse au bord de la mer; c'est la tour du Khan, appelée aussi « Tour de la jeune fille », qui fut élevée probablement pour le service du guet, et que l'on a de nos jours transformée en phare [1]. »

Le charmant conteur, Alexandre Dumas père, fait connaître dans ses impressions de voyage au Caucase la légende qui se rattache à cette tour et que voici :

« Un des Khans de Bakou avait une fille très belle; tout au contraire de la Myrrha antique, qui était amoureuse de son père, ici c'était le père qui était amoureux de sa fille. Celle-ci, pressée par son père et ne sachant comment repousser sa passion incestueuse, fit ses conditions au Khan : elle céderait si, comme preuve de son amour pour elle, il voulait lui faire bâtir une tour plus haute et plus forte que toutes celles de la ville pour qu'elle en fît sa demeure.

» Le Khan appela à l'instant même des ouvriers et les mit à l'ouvrage.

» La tour commença de s'élever rapidement, le Khan ne ménageait ni les pierres ni les hommes.

» Mais, au gré de la demoiselle, la tour n'était jamais assez haute.

---

[1] E. Reclus, *Gég.*, t. V.

» Encore un étage ! disait-elle chaque fois que son père croyait la besogne terminée.

» Et, les assises s'élevaient les unes sur les autres, et la tour, quoique au bord de la mer, c'est-à-dire dans la partie basse de la ville, s'élevait à la hauteur du minaret qui était dans la partie haute.

» Il arriva un moment où il fallut bien avouer que la tour était finie.

» Alors, il s'agit de la meubler.

» On la meubla des plus riches étoffes de Perse.

» Le dernier tapis posé, la fille du Khan, suivie de ses dames d'honneur, monta au sommet de la tour, où elle n'était encore jamais montée.

» Arrivée sur la plate-forme, elle fit sa prière, recommanda son âme à Allah, et, par dessus les créneaux, s'élança à la mer. »

Le soir de mon arrivée, j'allai au club avec M. Stefanini. C'est l'unique lieu de réunion, où l'on entend des concerts. Les membres du club et leurs invités y peuvent prendre leur repas, soit dans de vastes salles, soit sur de belles terrasses où le soir, lorsque l'atmosphère se rafraichit, on est heureux de se retrouver. Les familles y sont admises. Aussi, à certaines époques de l'année, on organise des bals qui forment une des principales distractions de Bakou. Un jardin entoure le club. La terre en a été apportée de fort loin et les arbustes souffrent bien en ce moment de la sécheresse. Dailleurs, pour s'imaginer ce quelle doit être, il suffit de savoir que la pluie ne fournit pas 25 centimètres d'eau par an et qu'il n'y a point de sources dans le pays.

Le Bakou tatar et persan est édifié sur le sommet du mamelon et le palais du Khan, entouré de murailles, en occupe la partie supérieure dans l'ancienne citadelle.

Dans le courant du xviie siècle, Shah Abbas II le fit élever. Ce palais n'est plus aujourd'hui qu'un vestige de l'ancienne domination, et, si l'on n'y prend garde, il disparaîtra peu à peu, quoique solidement construit. Ce qui en subsiste actuellement est peu de chose, mais encore est-ce fort beau. Ce sont particulièrement les portes en ogive sur la face desquelles des arabesques merveilleuses ont été sculptées. De ce qui fut l'intérieur de cette somptueuse résidence, il ne reste rien. De la terre comme tapis, et de la terre encore comme revêtement des murailles. Que sont devenus les pavements qui, sans nul doute, devaient exister ? que sont devenues ces magnifiques faïences qui remplaçaient les tentures comme les azulejos superbes des palais de l'Alcazar de Séville ou de l'Alhambra de Grenade ?

Je pénètre dans une salle voûtée, presque sans air, que l'on me dit être le harem. Je ne puis m'empêcher de reconstituer par la pensée cet appartement des femmes, garni alors de riches tapis encombrés de coussins de velours et de soie, aux teintes harmonieuses, aux dessins bizarres, sur lesquels les favorites du Khan se reposaient dans une atmosphère lourde de parfums, attendant le bon plaisir de leur seigneur.

Deux couloirs franchis, on entre dans la salle de justice. Au centre de cette pièce on remarque un trou assez profond ayant l'apparence d'un puits. On n'est pas absolument fixé sur sa destination. Les uns pensent que c'était par là qu'on précipitait les condamnés après qu'on leur avait tranché la tête, et qu'une communication existait avec la mer. D'autres croient que les juges assemblés autour de ce puits y faisaient placer le prévenu pour l'interroger et le mettre dans l'impossibilité de se livrer à de petites manifestations qui auraient été désagréables pour leur personne.

Je n'ai pas de préférence pour l'une ou l'autre de ces destinations, mais j'estime que la seconde aurait été assez intelligente.

A côté du palais, on a la plus belle vue de Bakou que l'on embrasse entièrement avec les environs, dans un périmètre très étendu ; on aperçoit très bien Balakhani placé sur une éminence et qui, sur la couleur jaunâtre du sol, apparaît en noir avec toutes ses vichkas en bois, entourant chaque puits.

L'Exposition universelle de 1889, à Paris, a offert aux visiteurs la vue de Balakhani sous forme d'un très beau panorama placé au Champ-de-Mars, près de l'entrée du pont d'Iéna.

Le consul de France, M. Humbert[1], à qui je vais rendre visite, me fait un très amical accueil, et me retient à déjeuner chez lui, en compagnie de sa femme et de ses enfants, réception charmante que je ne saurais oublier et dont j'ai été très touché.

Je me rends avec M. Humbert à l'hôtel de ville où je suis présenté à M. Despote de Zénowitch, maire de Bakou.

M. de Despote de Zénowitch parle admirablement le français et son accueil est des plus courtois. Tout en prenant du thé, nous causons de la Russie et de la France qu'il désire vivement connaître.

M. Zénowitch occupe depuis douze ans les fonctions de premier magistrat municipal, et c'est sous son administration, aussi intelligente que bienveillante et dévouée, que la ville prit son essor et acquit le développement que l'on constate. La transformation de Bakou est due à l'habile direction qu'il sut imprimer aux multiples services municipaux, et il fallait agir sûrement pour répondre aux exigences de la situation nouvelle que créait l'exploitation des richesses locales, augmentées encore par le mouvement commercial qui naissait avec le chemin de fer transcaspien.

J'avais pris mes dispositions pour aller jusqu'en Asie centrale, le gouvernement russe ayant eu la bienveillance de m'octroyer un otkrytyi-list ou passeport de pénétration dans les provinces asiatiques.

Nul étranger ne peut en effet voyager dans le Turkestan russe, s'il n'y est dûment autorisé, et le document qu'il est nécessaire d'obtenir nécessite

---

[1] Décédé pendant l'épidémie cholérique de Bakou en 1892.

des démarches assez longues. La demande formée par un Français doit être adressée au Ministre des Affaires étrangères de France qui la transmet en l'appuyant, s'il le juge bon, à notre ambassadeur à Saint-Pétersbourg. Notre représentant diplomatique se met en rapport avec le Ministre des Affaires étrangères de l'Empire qui instruit l'affaire, et la réponse prend pour le retour les mêmes voies administratives. Dans ces conditions, et eu égard aux convenances diplomatiques, il n'est pas exagéré de compter trois mois entre la demande faite et l'obtention de l'otkrytyi-list.

La pensée d'aller dans le Turkestan ne me vint qu'en cours de voyage, et un délai aussi long devait immédiatement me faire abandonner cette pensée quand je songeai à employer les voies officieuses.

S. Ex. M. Gaïewski, conseiller privé de S. M. l'Empereur de Russie, qui s'était montré d'une si grande courtoisie à mon égard lors de la traversée de la mer Noire, voulut bien, à la réception d'un télégramme, faire une démarche en ma faveur près de M. Dournovo, ministre de l'Intérieur de Russie, qui accueillit la demande et prit toutes les dispositions pour que mon voyage en Asie pût avoir lieu sans que je fusse inquiété.

C'est par un télégramme de Saint-Pétersbourg que j'appris à Tiflis le favorable accueil qui avait été réservé à ma requête. M. H. m'avait remis une lettre de recommandation pour le Consul de Bokhara, son ami, et j'avais quitté Tiflis tout joyeux de passer quelques jours dans Samarkande la Sainte, l'ancienne capitale de Tamerlan.

A Bakou, je m'entretins de ce voyage avec quelques personnes. Le chancelier du gouverneur de la province, avec qui je m'étais trouvé chez le consul de France, me dissuada d'y donner suite à cette époque de l'année, par les chaleurs torrides de l'été déjà accablantes à Bakou mais beaucoup plus fortes dans les déserts que l'on parcourt sur une longueur de 2,900 kilomètres.

M. de Zénowitch que je consultai à cet égard ne fit que confirmer tout ce qui m'avait été dit et me montra des correspondances où on lui parlait de la température variant de 50 à 60 degrés centigrades. Il m'engagea, dans l'intérêt de ma santé, à renoncer à mon projet dont les conséquences auraient pu être graves. Tout en regrettant vivement de modifier le plan de mon itinéraire, il me sembla que je devais me rendre aux justes observations et aux sages conseils de personnes qualifiées connaissant le pays.

De Bakou, on se rend à Ouzoun-Ada, tête de la ligne du chemin de fer transcaspien. Les paquebots qui effectuent le service viennent d'Astrakan, font escale à Pétrowsk, Derbent et Bakou, et continuent leur route vers la rive asiatique. La traversée entre le Caucase et l'Asie est de 200 milles marins (le mille = 1 852 mètres) et l'on met de 18 à 20 heures pour la faire.

Ouzoun-Ada, le port de débarquement, est placé dans une île reliée au continent par une digue.

Les trains ne comportent que des voitures de deuxième et troisième classes, et sont toujours munies d'un important matériel permettant de procéder à la réfection de la voie en cours de route, dans le cas où celle-ci, qui est posée dans les sables, aurait été dérangée par des causes atmosphériques. J'ai vu, lors de mon passage à Moscou, un modèle de convoi transcaspien exposé au musée asiatique du Kremlin.

Il y a trois jours par semaine, déterminés pour les départs d'Ouzoun-Ada ou de Samarkande, et le trajet se fait en 60 heures.

Comme je l'ai noté, le port de Bakou est très vaste et offre un profond et bon mouillage. Des quais immenses sont encombrés de marchandises et, actuellement, l'activité est très grande.

Au milieu même du port se trouve un grand établissement de bains. Il est construit sur pilotis et relié à la terre par une longue jetée en bois.

L'eau de la baie, couverte d'une couche de naphte aux reflets multicolores, n'est pas très engageante pour un touriste habitué des plages ou l'eau est transparente à plusieurs mètres de profondeur. Mais la philosophie de la vie consistant à être satisfait de ce que l'on a, j'en conclus que la population compte beaucoup de philosophes par nécessité, puisqu'il y a de nombreux baigneurs.

Il y a quelques années encore, hommes et femmes se baignaient ensemble dans les eaux non moins huileuses de la baie; ceci n'avait rien de surprenant. C'était ce que nous appelons sur nos plages « le bain mixte » par opposition au « côté des hommes » et au « côté des dames ». Où la chose devient piquante, c'est que le costume se composait d'une bague ou d'un bracelet.

Le premier magistrat de la ville a pensé que, Bakou devenant si non un séjour de plaisance, du moins une cité industrielle très visitée par une foule de voyageurs, il convenait que les ondines se retirassent dans les roseaux, pour ne pas détourner de leur chemin et de leurs occupations les hôtes de passage dont le temps pouvait être très précieux.

Des roseaux ! il eût fallu en faire une forêt d'artificiels au bord d'un lac imaginaire et l'on a admis avec juste raison que quelques planches savamment disposées pourraient, moins poétiquement il est vrai, faire le même office. Quant aux ondins, on les a laissés paisiblement s'ébattre dans les flots irisés, n'ayant toujours que leur bague.

Les réformes doivent se faire peu à peu, et quelque jour, un arrêté municipal interviendra, réglant la question à l'européenne.

Pour être dérobées à la vue, les ondines ne portent encore que leur bracelet et plus d'une bonne nageuse passe au dessous de la ceinture de planches qui garnissent l'intervalle compris entre le dessous de l'établissement et la surface de l'eau.

Une étrangère qui suit les usages locaux me dit que les premiers bains laissent dans l'esprit un certain trouble, et qu'il faut quelque temps pour s'habituer à la coutume admise. Rien ne paraît en effet plus bizarre que de se faire une visite en grande cérémonie avec une élégante et riche toilette, et de se retouver le lendemain matin ensemble en costume d'Eve. C'est ainsi d'ailleurs que cela se passe dans tous les bains orientaux.

Bakou n'a pas seulement à offrir la légende de la Tour de la jeune Fille ; il m'a été conté une histoire que je veux bien croire sans remuer la poussière des archives secrètes de la péninsule d'Apchéron.

Il y a quelque trente années, le gouverneur de la ville avait une fille d'une rare beauté. L'amiral commandant la flotte de guerre de la mer Caspienne s'en éprit et la demanda en mariage.

Le gouverneur ne voulut pas accéder à son désir.

L'amiral aimait beaucoup cette jeune fille et la désirait ardemment, au point de ne pas reculer devant les moyens violents pour en devenir l'époux. Il déclara au gouverneur que rien ne viendrait modifier ses vues et qu'il s'emparerait plutôt de la ville que de ne pas être uni à celle qu'il aimait passionnément. Il lui accorda un délai pour réfléchir en lui notifiant que, passé le terme fixé, il bombarderait Bakou.

La dernière heure venue, l'amiral envoya prévenir le gouverneur afin de connaître ses dernières résolutions.

Celui-ci ne pouvant croire que le commandant de la flotte exécuterait son plan, refusa encore.

Il n'y avait plus qu'à agir.

Le bruit du canon venait à peine de traverser l'espace qu'on vit hisser un drapeau parlementaire au palais du gouverneur.

Un envoyé vint immédiatement annoncer à l'amiral que sa demande était accueillie.

Les époux vécurent heureux dans la paix de la famille, et, par la suite, le gouverneur n'eût que le regret de n'avoir pas cédé plus tôt aux instances de l'amiral.

Je sais, dans certains cas, des amoureux qui auraient fait de même; il leur manquait une flotte de guerre.

Mais, dira-t-on, comment pareille chose a-t-elle pu se produire. Ah! c'est qu'il y a trente ans, Bakou n'était qu'un petit port bien peu connu, le télégraphe n'existait pas comme aujourd'hui, pouvant transmettre les ordres en quelques moments d'une extrémité à l'autre de l'empire. Bakou était isolé du monde. Et l'on disait alors : « la Russie est grande, et le Tzar est loin. »

XXIII

LE NAPHTE

Des gisements de naphte existent dans toute la péninsule d'Apchéron.

Balakhani, situé à une certaine distance au nord de Bakou, à cinquante mètres d'altitude, est l'endroit qui, jusqu'à ce moment, est le plus exploité. Au sud de Bakou, entre le cap Baïlof et le cap Chikof, s'étend une plaine que baigne la mer et qui paraît très riche en naphte.

Je me rends en voiture à Bibi-Eybat, principal centre d'exploitation de cette dernière région qui appartient en partie à un tatar, M. Taghief.

Le chemin que je suis longe la mer pendant six kilomètres environ, puis la voiture s'engage dans une plaine de sable mouvant dans lequel les roues entrent profondément, mais heureusement, il n'y a que quelques centaines de mètres à franchir pour arriver aux sources.

La propriété de M. Taghief est enserrée de collines entièrement dénudées, d'un aspect jaunâtre, qui renvoient la chaleur sur le sable également jaune. Il y a près de 50° centigrades dans cette plaine qui est une véritable fournaise.

A Bibi-Eybat, on voit le naphte sortir de terre. Il est raffiné immédiatement sur place, tandis qu'à Balakhani, il est envoyé aux raffineries de Bakou dans des conduites de fonte que l'on appelle pipe-lines et dont la pente est suffisante pour que l'écoulement se produise sans machines.

On compte à Bakou deux cents raffineries de naphte réunies dans Tchernagorod la ville noire que la voie traverse en arrivant de Tiflis ; Tchernagorod est en effet noire de saleté comme le serait un charbonnage.

M. Stéfanini avait eu l'amabilité de me faire accompagner par un jeune homme qui me servait d'interprète. Il remit au directeur de l'exploitation une lettre par laquelle M. Stéfanini lui faisait connaître que je serais heureux de visiter son établissement. La demande fut agréée, et on mit fort obligeamment une personne à ma disposition pour me donner des explications sur tout ce qui pourrait m'intéresser.

Le terrain est tout humide et gras de naphte qui forme de grandes plaques irisées.

A l'endroit déterminé pour le creusage d'un puits, on élève un échafaudage en bois de forme pyramidale, haut de vingt-cinq à trente mètres, qui servira de point de support pour le forage et le puisage. On le nomme vichka. A la base, un grand hangar est destiné à réunir tous les outils nécessaires, ainsi que la locomobile servant de moteur.

M. Calouste S. Gulbenkian a fait paraître, en 1891, à la librairie

Hachette, un volume intitulé : *La Transcaucasie et la péninsule d'Apchéron*, dans lequel il a décrit d'une manière très complète, avec beaucoup de détails, toute l'histoire du naphte, depuis ses origines jusqu'à ce jour. C'est l'étude la plus intéressante que je connaisse et qui peut donner la plus juste idée de l'active fièvre qui règne dans cette pointe de la Transcaucasie. J'aurai souvent recours à ses claires descriptions pour mieux faire saisir le travail successif de l'industrie du naphte.

La première opération est le forage : « Pour creuser un puits, dit M. Gulbenkian, on commence par enlever la terre jusqu'à une profondeur de dix mètres sur un diamètre de trois ou quatre : ces dix mètres de parois seront fortifiés par des travaux de maçonnerie. Le reste du forage se fait à l'aide d'une grande tarière à vapeur que l'on allonge peu à peu ; à mesure que le puits se creuse, on consolide les parois en introduisant dans le puits des tubes métalliques, longs de vingt pieds et de section carrée ; le long conduit formé par cette série de tubes constitue, en somme, le puits lui-même ; on assure le fonctionnement en prévenant les éboulements de terre et l'obstruction de l'ouverture, et peut, jusqu'à un certain point, sauver de la destruction complète les puits jaillissants. Le diamètre des tubes, qui est d'abord de 0^m30 à 0^m40, se rétrécit peu à peu, de façon que les premiers une fois posés, on puisse y faire passer les autres sans difficulté. Il est absolument nécessaire de placer un nouveau tube dès qu'on est arrivé à une profondeur suffisante ; c'est le seul moyen de prévenir les effondrements. Quant à la tarière, elle est toujours en fer ; on n'a pas besoin, comme aux États-Unis où l'on rencontre des nappes d'eau, de l'alléger ou plutôt d'en diminuer la densité par l'addition de barres en bois ; pour l'allonger, il suffit, sans la retirer du puits, de l'amener à l'orifice. La forme de la tarière varie suivant la nature des terrains. On y adjoint souvent, dans les terrains sablonneux, une pompe destinée à retirer le sable à mesure que la tarière s'enfonce ; le forage lui-même se fait très simplement : on soulève de quatre à cinq mètres la tarière et on la laisse lourdement retomber. On recommence deux ou trois fois, puis on retire les « débris » du forage et ainsi de suite ».

« Le prix ordinaire du forage d'un puits varie de 18,000 à 30,000 roubles (60,000 à 80,000 fr. au cours moyen).

» Le prix augmente en raison des difficultés qui peuvent survenir et de la profondeur que l'on est obligé d'atteindre.

» On met près de six mois pour un forage de deux cent cinquante à trois cents mètres avec une machine de quatorze chevaux anglais et une tarière de huit cents à neuf cents kilogrammes. »

Lorsque le forage atteint le naphte, on entend généralement un sourd grondement, et on prend toutes les dispositions pour recevoir le produit. Souvent, celles-ci ne servent à rien, le puits lançant dans l'air une énorme colonne de liquide. On possède alors une fontaine jaillissante, dont la durée du jet est absolument indéterminée, puisqu'elle dépend de la force d'expansion souterraine.

M. Gulbenkian écrit : « J'ai vu un puits à Baïlof qui avait lancé par jour des millions de pouds (1 poud = 16 kilogrammes), et qui en lançait encore 200,000 à 300,000; les habitants, plus effrayés encore qu'émerveillés, redoutaient une inondation d'un nouveau genre, et surtout un incendie qui dévorerait en quelques jours toutes ces richesses et celles des sources voisines. Cette catastrophe arriva en effet quelques mois après. M. Taghief, le propriétaire de ce puits unique dans les annales de la science, a vu le jet atteindre une hauteur de deux cent cinquante pieds; le sable projeté venait tomber jusque dans les rues de Bakou. Malheureusement, pendant les dix-huit mois d'existence du puits, la plus grande partie du pétrole fut inutilement perdue. Après le puits de Droojba, qui semblait incomparable (1883), le puits de Taghief a surpassé toute attente. »

« Il arrive souvent qu'un puits jaillissant devient, au bout de plusieurs mois, un puits ordinaire ; ce fut, en 1877, le cas du puits de cent dix mètres qui appartenait aux frères Mirsoïef et qui, après avoir lancé près de 4,000 hectolitres par jour, finit par donner régulièrement du pétrole pendant près de sept ans ».

« Entre les puits jaillissants et les puits ordinaires se placent les puits à jets intermittents ; le principe en est le même que celui des fontaines intermittentes, et les changements se succèdent à de brefs intervalles. Enfin, on a reconnu dans la baie de Baïlof l'existence de deux sources sous marines, très voisines l'une de l'autre ; elles manifestent leur présence par un faible bouillonnement. L'exploitation en serait probablement très difficile, et n'a pas été tentée ; elles ne servent guère qu'à illuminer la nuit la mer Caspienne, grâce à la présence des gaz inflammables qui s'en dégagent, comme d'ailleurs les résidus et les débris des raffineries, comme le naphte projeté par les puits jaillissants en trop grande abondance pour être recueilli. C'est un magnifique spectacle que celui des gerbes de flammes qui sillonnent la surface des eaux, gigantesque feu d'artifice que Zoroastre eût adoré, que l'industrie future utilisera peut être et accaparera comme tout le reste. »

A Baïlof, après avoir assisté à l'opération du forage, j'ai vu celle du puisage à deux cents mètres de profondeur. Au haut de la vichka on a fixé une poulie. Sur la gorge passe un câble, mû par la vapeur, qui s'enroule sur un cylindre ; l'autre extrémité est attachée à un seau en fer que l'on descend dans le puits ; le récipient est cylindrique et très allongé ; la partie inférieure en est fermée par une plaque mobile armée extérieurement à son centre d'une tige de fer. Ce seau est descendu à deux cents mètres dans la cuvette naphtifère, s'y remplit et est remonté à la surface. On l'attire sur un conduit, et un ouvrier présente, à l'endroit déterminé, une sorte de pelle très peu large, mais longue de manche. La tige du seau est posée dessus et le propre poids de l'appareil fait rentrer le fond mobile dans le tronc de cône renversé qui le termine, le liquide s'en échappe, tombe dans le conduit que l'on dirige vers les réservoirs. Le seau est immédiatement redescendu pour continuer le puisage. A chaque fois, le récipient remonte 480 kilogrammes de naphte, et cela, vingt fois par heure, ce qui offre le joli chiffre de 230 400 kilogrammes par vingt-quatre heures.

Après l'extraction du naphte vient son raffinage. Dans la propriété de M. Taghief les usines sont placées aussi près que possible des puits.

De nombreuses chaudières distillatoires sont installées sur un même plan et chauffées par le résidu de la distillation.

Du naphte, on extrait à Bakou, de la benzine, de la gazéoline, de la kérosine. On nomme masude le résidu qui tombe au fond de la chaudière.

Le chauffage se fait à l'aide du masude qui est amené par un tuyau placé au-dessus d'un autre par lequel arrive de la vapeur chaude.

A l'extrémité du tuyau à masude se trouve une plaque perforée par laquelle le masude tombe en gouttelettes sur la vapeur que le violent jet entraîne avec force et fait brûler en longues flammes dirigées circulairement, afin que toutes les parois de la chaudière soient également chauffées. Ces tuyaux sont fixés sur un support en briques entre lesquels des jours ont été ménagés pour permettre l'introduction de l'air qui active la combustion.

Le premier produit de la distillation est la benzine, qui n'entre que pour 1 % du produit brut, puis la gazéoline pour trois, et la kérosine pour vingt-sept. Des aéromètres, plongés dans les bassins où aboutissent les serpentins, servent à déterminer le moment auquel il convient de changer la direction du liquide en rapport avec sa nature. Du masude, on retire une foule de matières diverses au nombre desquelles il faut placer les huiles de lubrification employées de préférence aux huiles végétales comme n'attaquant pas l'acier. Le travail de la distillation se fait d'une manière très facile, puisque le tout repose sur un jeu de robinets qu'il faut savoir manœuvrer avec soin et attention.

Le naphte donne moins d'huile d'éclairage pour cent parties brutes, que le pétrole américain, mais son pouvoir éclairant est plus grand, et son flasching-point est plus élevé. On désigne par flasching-point le degré de chaleur auquel le pétrole et la kérosine, ou huile d'éclairage, doivent arriver pour s'enflammer au contact d'une lampe, car à l'état ordinaire et pour la sécurité de leur emploi, une allumette en feu jetée dans une masse de liquide doit s'éteindre.

La production du naphte pendant l'année 1889 a été, à Balakhani, de 186 500 000 pouds, et à Bibi-Eybat de 19 000 000 fournis par 261 puits. La plus faible profondeur a été de 22 sagènes (la sagène = 2^m13), et la plus grande de 168. Pendant le premier semestre de 1889, on a retiré 90 765 602 pouds, et pendant celui de 1890, 124 000 000 pouds. En 1877, on récoltait 12 000 000 de pouds de naphte brut, et, en 1889, 205 500 000 pouds. Ces chiffres montrent toute l'importance de l'industrie du naphte.

Je n'ai fait qu'indiquer là quelques renseignements relatifs aux riches sources de l'Apchéron, qui fournissent des quantités considérables de matières desquelles les chimistes ont su extraire un grand nombre de produits dont nous apprécions journellement les avantages.

LA MER CASPIENNE

ET LA BASSE VOLGA

JOURNAL DE ROUTE

XXIV

DE BAKOU A ASTRAKHAM

Bakou, mercredi, 24 juin.

Le paquebot *Amiral-Korniloff*, sur lequel je dois m'embarquer aujourd'hui pour Astrakhan, vient d'Ouzoun-Ada et est attendu dans la matinée. Le départ est fixé à une heure. A ce moment là, le navire n'est pas arrivé.

Dans l'après-midi, assez tard, le steamer est signalé. Enfin, peu de temps après, il se range contre l'appontement. L'arrivée du paquebot à une heure aussi tardive est due à ce que le train transcapien n'a pu suivre sa marche régulière, un orage étant survenu et le terrain s'étant abaissé dans une partie.

Des marchandises sont embarquées, et leur manutention ne permet de partir qu'à neuf heures et demie du soir. Les passagers sont nombreux. Les uns arrivent du Turkestan russe, les autres sont montés à Bakou. J'ai l'heureuse fortune de retrouver M. Stéfanini que ses affaires appellent dans la Basse-Volga.

Jeudi, 25 juin.

A minuit, le paquebot arrive près d'un endroit rempli de récifs où la navigation serait très dangereuse; aussi le commandant fait arrêter la machine et nous restons là jusqu'au jour. A quatre heures et demie nous repartons pour Derbent, la première escale.

Le paquebot nouvellement mis en service effectue pour la deuxième fois son itinéraire : Astrakhan, Bakou, Ouzoun-Ada. L'on fait en ce moment les voyages d'essai et le mécanicien qui a procédé à la mise en place de la machine va rester quelque temps à bord pour en surveiller le fonctionnement.

Le navire a été construit par une société belge, et ce mécanicien qui parle un peu français pourra me donner des renseignements sur la navigation de la mer Caspienne.

Des officiers russes qui tiennent garnison dans le Turkestan, des fonctionnaires et des commerçants forment l'ensemble des passagers.

L'installation du bord pourrait être mieux comprise. En cette saison, l'emplacement destiné aux passagers est beaucoup trop restreint. Les cabines ne comportent que des banquettes servant en même temps de couchettes, et chose qui surprendra, la Compagnie ne fournit pas le linge de cabine bien que le parcours soit de douze cents kilomètres pour aller d'Astrakhan à Ouzoun-Ada. Chaque russe qui voyage, grand seigneur ou petit bourgeois, a toujours dans son sac des serviettes de toilette et une paire de draps pour son usage. Aussi l'on doit penser dans quel état ce linge se trouve après avoir été plusieurs fois retiré et replacé dans le sac. Un autre inconvénient se produit. Puisqu'à bord il n'y a pas de lit, on ne peut exiger à cet égard les services du valet de chambre, et, la plupart du temps, les draps, dont l'état ne peut se décrire, restent toute la journée étendus sur les banquettes de la petite chambre commune. Une amélioration à ce point de vue serait bien désirable.

La salle à manger est très petite et la table est placée sur le travers au lieu d'être en long comme elles le sont généralement. Nous sommes si nombreux qu'il serait nécessaire de faire deux services pour les repas, et comme le temps est beau, le commandant donne l'ordre de mettre le couvert sur la dunette. La terrasse du pont s'étend sur les cabines et la salle à manger. Des bancs y sont fixés tout à l'entour. Les tables, qui en temps ordinaire sont placées devant, sont réunies bout à bout au milieu de la dunette dont tout le tour est garni ainsi que le dessus de toiles devant nous protéger contre le soleil ou le vent.

Avant chaque repas russe, il est d'usage de manger des hors-d'œuvre nommés zakouskis, arrosés de kumel ou de vodka. Le tout est disposé sur une table annexe. A son gré, l'on prend deci delà ce qui peut faire plaisir, puis l'on se met à table.

De midi à une heure, pendant le déjeuner, nous sommes plongés, par deux fois, dans un brouillard intense qui se forme spontanément, dure dix minutes, puis se dissipe aussi rapidement. Le navire stoppe et le sifflet d'alarme retentit.

Dans l'après-midi, je descends avec le mécanicien belge dans la machine qu'il me fait visiter. Tout d'abord on est agréablement impressionné par une propreté générale qui est motivée par l'emploi comme combustible du masude de naphte. On ne marche pas dans le charbon et on ne voit pas ces chauffeurs demi-nus, au visage et au corps noirs que la transpiration couvre de zébrures, ce qui pourrait les faire comparer à des génies infernaux.

Le masude est emmagasiné dans des réservoirs placés à l'arrière du bâtiment et des tuyaux le font arriver dans la chaufferie. Le mode de chauffage est le même que celui qui est décrit dans le précédent chapitre relativement à l'industrie du naphte. « A Bakou, la tonne de masude coûte trois ou quatre francs, dix fois moins cher que le charbon, tient deux fois moins de place et chauffe trois fois plus; le chauffage est plus rapide, le masude ne laisse pas de cendres : 5 à 10 pouds, suivant les machines, sont employés par heure et par cheval-vapeur »[1]. Ce sont là d'incontestables avantages sur le charbon de terre dont la manutention est pénible et sale. On n'a pas avec le masude l'inconvénient d'avoir de grandes quantités de cendres dont il faut se débarrasser continuellement, ni celui de lancer dans la cheminée des jets de vapeur qui, en activant le tirage, lancent dans l'air des myriades de poussières de charbon dont tout le monde connaît le désagrément.

Le réglage de l'arrivée du masude se fait par un système spécial de robinets côniques qui ne tournent pas, mais qui se soulèvent et s'abaissent selon que l'on veut donner plus ou moins de flamme. C'est au moyen de petits maillets que l'on procède à l'ouverture ou à la fermeture de ces appareils. Pour m'en montrer le facile fonctionnement, le mécanicien donne de petits coups de maillet sur un robinet, fait passer le foyer par divers états de chauffage et l'éteint complètement, puis il fait arriver masude et vapeur qu'il rallume à l'aide d'un peu de coton imprégné de pétrole placé à l'extrémité d'une tige de fer. Dans ces conditions, c'est un véritable plaisir d'être chauffeur. La seule remarque que je fasse, c'est que le jet de vapeur destiné à pulvériser et à vaporiser le masude produit un certain ronflement qui, multiplié par plusieurs foyers, arrive à faire un bruit assez considérable auquel les russes sont habitués, mais que je constate, eu égard à la marche relativement silencieuse des machines de nos steamers.

---

[1] Gulbenkian, ouvrage cité.

Nous arrivons en vue de Derbent, à sept heures et demie du soir, pour en repartir après une escale de deux heures et demie. Le paquebot se tient à un demi mille de la côte à cause des récifs. De grandes et grossières barques à voiles viennent apporter à bord des marchandises. Nous laissons et prenons des passagers.

Derbent est construit sur le bord de la mer et n'a point pour ainsi dire de commerce, tout au moins maritime. Les habitants de la contrée sont des Lesghiens dont nous voyons quelques-uns à bord des chaloupes. Ceux-ci ont des visages farouches. Ils s'élancent à bord comme des corsaires s'invectivent de la belle manière et sont, paraît-il, très habiles à manier le poignard. Ils possèdent une indomptable énergie et sont toujours armés de leur kandjar placé à la ceinture, sur le devant, pour ne pas le perdre de vue, et l'avoir sous la main en temps opportun. Trois ou quatre marchands ont des cerises dans des paniers. Leurs rudimentaires balances n'ont point passé à la vérification et leurs poids sont des galets.

Vendredi, 26 juin.

Nous avons marché lentement pour arriver à Pétrowsk ce matin à quatre heures. Le port est assez spacieux, mais d'accès difficile par grosse mer. La ville est bâtie sur une dépression de terrain, et est très peu importante. Les maisons sont sans apparence. Les bouquets d'arbres verts qui les entourent doivent les rendre agréables à habiter. L'église, dont les clochers bulbiformes sont peints en vert clair comme les toits, domine les constructions. Le service de l'armée possède de grands magasins placés à l'est, en regardant Pétrowsk. Au premier plan, un bâtiment de couleur blanche est destiné aux services de la marine. Les quais en pierres et en bois permettent de débarquer les chargements des bateaux d'un faible tirant d'eau. Notre paquebot est d'un trop fort tonnage et mouille en rade.

Le pays en lui-même offre peu de ressources, mais lorsque le chemin de fer projeté reliera Pétrowsk à Wladikavkas, la ville se développera en raison même du mouvement qui s'y produira par les voyageurs et les importations du Turkestan russe et de la Perse.

Sur la partie élevée de l'Est, des défenses construites sous le règne de Pierre-le-Grand paraissent encore en bon état. On considère Pétrowsk comme la clef du Daghestan. De ce port on se rend à Temir-Khan-Choura qui est la capitale de ce gouvernement.

On lève l'ancre à huit heures du matin. Pendant la traversée, on joue beaucoup aux cartes, et le commandant, qui est, paraît-il, passionné pour cette distraction, se tient presque tout le temps près des joueurs. Ce n'est point l'envie qui lui manque de se joindre à eux. Seulement le conseil d'administration de la compagnie a donné, comme instruction, aux officiers de la flotte de ne jamais jouer à bord. Cette décision intervint à la suite du naufrage d'un paquebot survenu pendant que le commandant taillait un bac. La Compagnie, avec juste raison, a pensé que l'intérêt des passagers, comme le sien, était d'éviter le retour d'une catastrophe semblable due uniquement à la négligence d'un des officiers ayant pour mission d'assurer, dans la plus large mesure, la sécurité des passagers comme celle du bâtiment dont il est le maître après Dieu.

La mer qui a été plate jusqu'alors devient agitée vers trois heures, et, à partir de ce moment, imprime au navire un tangage désagréable.

Samedi, 27 juin.

Nous arrivons au milieu de la nuit dans les eaux limoneuses du delta de la Volga. Cet endroit est appelé les « Neuf Pieds » (pieds anglais), parce que dans toute cette partie, il n'y a que neuf pieds de profondeur. A une dizaine de milles plus avant dans la mer Caspienne, un ancrage est désigné sous le nom de « Douze Pieds » où les navires d'un fort tonnage sont obligés de s'arrêter.

Aux « Neuf Pieds » mouillent presque tous les bâtiments de la Caspienne. On est assez étonné après son réveil de trouver le bateau arrêté au milieu d'une centaine de navires ancrés sur lesquels règne une grande activité. Le fond est constitué par d'anciennes steppes qui ont été désagrégées et couvertes par la Volga.

De Bakou aux « Neuf Pieds », on compte 420 milles marins [1], et de cette station à Astrakhan 72 milles. Des balises déterminent autant que possible la route à suivre pour entrer dans le plus grand des canaux du delta.

On sait que le niveau de la Caspienne est de vingt-six mètres au-dessous de celui de la mer Noire. « La vie animale abonde dans la mer d'Astrakhan, dit M. Reclus, non seulement au milieu des eaux superficielles, mais aussi à plusieurs centaines de mètres de profondeur. L'énorme quantité de poissons qui peuple la Caspienne est attribuée aux amas de nourriture végétale que ces animaux trouvent dans les eaux basses des parages du nord, et dans les immenses roselières de la Volga, et des autres rivières qui se déversent dans le bassin. D'après quelques récits des anciens voyageurs et même d'écrivains contemporains, les pêches de la Caspienne tiennent presque du merveilleux : souvent c'est par milliers que l'on capture les poissons. Le produit probable de la pêche est de 800 000 à un million de tonnes, représentant une valeur de 80 à 100 millions de francs. Le haut prix du sel sur lequel pèse un fort droit d'accise empêche les pêcheurs de saler le petit poisson et de l'expédier dans le reste de la Russie [2].

» Les recherches de Kessler ont établi que la Caspienne possède au moins cinquante-quatre poissons que l'on ne trouve point dans les autres mers. Six espèces seulement sont communes à la fois à la mer d'Aral, à la

[1] Le mille marin vaut 1 852 mètres.
[2] E. Reclus, *Géog.*, t. V, p. 677.

Caspienne et à la mer Noire, mais vingt-cinq autres peuplent les eaux des deux bassins principaux. Pour les coquillages on a fait des observations analogues; des dix-huit espèces que Rodolphe Ludwig trouva dans les eaux caspiennes, plusieurs ne se rencontrent que dans ce bassin, d'autres lui sont communes avec la mer Noire, d'autres encore avec les mers boréales. Cette partie de la faune maritime est mal représentée dans la Caspienne à cause de la faible salure de ses eaux [1]. »

L'ancrage des « Neuf Pieds » est une véritable ville flottante. Les grands steamers déchargent leurs marchandises dans des chalands qui les transportent à Astrakhan, et là, on opère leur transbordement dans des navires faisant le service de la Volga dont le lit est profond.

Les bateaux qui contiennent du naphte le transvasent au moyen de pompes dans des bateaux réservoirs spéciaux.

Les grandes compagnies maritimes et fluviales ont leurs bureaux installés sur des pontons, et les employés vivent là dans de petites maisonnettes pendant la durée de la navigabilité, c'est-à-dire du 15 mars au 15 novembre. La douane elle-même y est en permanence et a son ponton officiel. De petits vapeurs remorquent les chalands ou font la navette entre les bureaux et les bateaux, portant des ordres comme des estafettes.

Il faut voir, paraît-il, les « Neuf Pieds », lorsque le vent du sud a soufflé; de Bakou et des ports méridionaux de la Caspienne arrivent alors de nombreux bateaux qui n'attendaient qu'un bon vent pour venir.

Nous quittons notre navire pour passer sur un bateau à aubes beaucoup plus petit et presque plat qui va nous transporter à Astrakhan. A sept heures nous partons.

En route nous croisons des navires à vapeur qui ont contre leur bord un chaland servant à les alléger pendant le parcours du delta. Aux « Neuf

---

[1] E. Reclus, *Géog.*, t. V, p. 676.

Pieds », ils prennent le complément de la cargaison. Les rives du bras principal dans lequel nous nous engageons, qui de prime abord ne paraissaient formées que de simples lignes, se resserrent peu à peu et on voit distinctement les bords couverts de roseaux.

Voici Biriutshi-Kasa sur la rive gauche. Le navire touche à un embarcadère flottant où l'on prend la poste et quelques passagers. Il est neuf heures et demie. A cet endroit on remarque une vingtaine de chalands.

En avançant dans le delta, les villages pittoresques apparaissent avec leurs maisons de bois présentant leur pignon. Leurs églises, aux coupoles et aux toits verts attirent toujours l'attention.

Au moment du déjeuner, des musiciens qui se rendent à Astrakhan, viennent se faire entendre et trouvent le moyen de recueillir quelques Ropecks.

Le temps est beau. Des pêcheries occupent les rives et des kibitkas en roseaux feuillus se dressent de toutes parts. Ce sont les tentes d'été des kalmouks dont le type est si curieux : peau cuivrée, petits yeux remontant à la chinoise, nez épaté, pommettes saillantes, tel est leur visage. Nous avons vu beaucoup de kalmouks aux stations. Ceux qui sont employés dans les divers services du delta ont adopté la chemise rouge vif des moujiks qu'ils laissent flotter, serrée autour des reins par une ceinture.

Les îles qui s'étendent par bâbord et tribord sont couvertes de hauts roseaux d'où s'échappent des canards, des pélicans et d'autres oiseaux.

Sur la rive gauche on me signale une grande pêcherie dirigée par un entrepreneur qui afferme la pêche d'une partie de la Volga, et a, sous sa direction, des centaines de kalmouks dont les kibitkas feuillues forment un grand village. On ne sait comment des incendies ne se déclarent point plus souvent dans ces abris, car le feu domestique est fait dans une cavité au centre de la paillote, et la fumée en sort par le sommet pointu, ce qui donne à ces kibitkas l'air de volcans en miniature.

« La région du delta commence déjà, dit M. Reclus, au méandre de Tzaritzin, à plus de 500 kilomètres de la Caspienne, puisque le fleuve s'y divise en d'innombrables canaux serpentant entre les deux lits de la Volga et de l'Ahtouba, connue près de la mer sous le nom de Bereket; cependant le delta proprement dit ne se forme qu'à une cinquantaine de kilomètres en amont d'Astrakhan, par le bras du Bouzan qui se détache du lit principal. Puis dans le voisinage d'Astrakhan se séparent le Balda, le Koutoum, et plus bas le Tzavora, le Tzagan, le Biroul, d'autres encore. Sur la vaste péninsule d'alluvions qui s'avance au loin dans l'intérieur de la Caspienne et qui, sans compter les innombrables irrégularités du littoral, n'a pas moins de 180 kilomètres de tour, on compte en moyenne deux cents bouches fluviales dont la plupart, il est vrai, sont des coulées incertaines et vaseuses. La Chronique de Nestor parle de soixante dix bouches : c'était un nombre sacré; actuellement une cinquantaine des bras de ce dédale sont des courants réguliers. Au printemps, pendant la période de l'inondation, toute la surface du delta, de même que tout le cours inférieur en aval du Tzaritzin, n'est qu'une masse d'eau mouvante au milieu de laquelle apparaissent çà et là des îlots ; une mer d'eau douce descend vers la mer d'eau salée. Mais après chacun de ces déluges annuels, des lits nouveaux se sont creusés, d'autres ont été remplis de limon ou de sable : la géographie du delta est à refaire [1]. »

. . . .

« En même temps que les lits se déplacent, les barres ou seuils que doivent franchir les navires pour entrer du fleuve dans la Caspienne ou pénétrer de nouveau dans le fleuve changent aussi de position et de profondeur : aucune passe n'a plus de $2^m 25$ et la deuxième en importance n'avait même que 45 centimètres dans l'été de 1852. Pour la navigation, le fleuve

---

[2] E. Reclus, *Géog.*, t. V, pp. 664-665.

était presque complètement séparé de la mer. Si les vents du sud et du sud-ouest ne soufflaient fréquemment de manière à reporter les boues alluviales vers l'amont, dans le lit profond du fleuve, la barre de la Volga serait complètement inabordable¹ ».

J'ai fait déjà de longues citations de la *Géographie* de M. E. Reclus, mais je ne puis résister au plaisir de reproduire dans les pages suivantes l'étude que le savant géographe consacre aux kalmouks dont la race a ici des représentants : « Au sud et à l'est du grand coude de Tzaritzin, les Russes n'habitent que le littoral du fleuve : la région des steppes nues à droite et à gauche de la Volga, appartient encore aux populations nomades. La nature du terrain, tout à fait impropre au labourage, ne permet pas qu'il en soit autrement. Même les employés russes, nommés pour la surveillance des indigènes, sont obligés de se déplacer avec les villages ambulants. La plus méridionale de ces nations nomades, celle des kamouks, occupe un espace d'environ 80 000 kilomètres carrés entre la Volga et la Kouma, dans la dépression saline recouverte autrefois par les eaux de la Caspienne; en outre, ils parcourent des steppes voisines de la rive gauche du Don, et quelques-unes de leurs tribus habitent dans le voisinage des Kirghiz à l'est de l'Akhtouba. Ils sont environ cent vingt mille sur cet immense territoire de steppes infertiles et de pâtis : le service militaire et l'émigration dans les villes les ont fait diminuer quelque peu depuis le milieu du siècle. Toutefois les recensements pris à divers époques ne paraissent pas complètement dignes de confiance, les femmes et surtout les petites filles étaient fréquemment négligées sur les listes. Contrairement au résultat signalé chez les autres peuples de l'Europe, les hommes, beaucoup plus nombreux que les femmes chez les kalmouks, auraient un excédant d'un quart. Pareil phénomène démographique n'est pas probable, mais

¹ E. Reclus, *Géog.*, t. V, p. 666.

il paraît certain qu'il y a un surplus de kalmouks appartenant au sexe masculin. Un très petit nombre de kalmouks atteignent un âge avancé et la mortalité est énorme sur les enfants, surtout dans la région orientale du territoire où la plupart des indigènes sont aux gages des entrepreneurs de pêche.

» Les Kalmouks, représentants de la race mongole, auxquels se sont mêlés peut-être quelques tribus d'origine turque, sont des nouveaux venus en Europe. Les premiers éclaireurs de la nation apparurent pour la première fois en 1630, à l'occident de l'Emba, et c'est en 1636 seulement que le gros du peuple émigrant transféra ses cinquante mille tentes sur les côtes occidentales de la Caspienne. Pendant les premières années de leur séjour, chaque retour du printemps fut marqué par une incursion dans la Russie orientale; les campagnes étaient ravagées, les villages brûlés, les habitants emmenés en esclavage. Cependant, moins d'une génération s'était écoulée que les Kalmouks, tenus en échec par la population slave, devaient se déclarer les sujets du tzar, sans cesser pourtant d'être en communication avec leurs frères d'Asie, même avec ceux du Tibet. Toutefois, l'intervention de plus en plus gênante du gouvernement russe rendant la vie intolérable aux fils de la libre steppe, ils résolurent de retourner tout à fait dans la patrie de leurs ancêtres, sur les bords du lac Balkach, aux pieds de ces monts Altaï que la tradition leur dépeignait comme un pays de merveilles. Presque toute la nation des Kalmouks de la Russie, évaluée diversement de 120 000 à 300 000 personnes, se mit en marche pendant l'hiver de 1770 à 1771, pour gagner les steppes de l'Asie, en passant avec ses troupeaux sur les glaces de la Volga, de Yayik, de l'Emba. L'immense défilé dura des semaines, mais l'arrière-garde n'eut pas le temps d'échapper : les glaces de la Volga se rompirent, et les Kirghiz et les Cosaques, groupés en masse pour arrêter le passage des émigrants, réussirent à couper le convoi sur plusieurs points. Quelques milliers de Kalmouks atteignirent, dit-on, les bords du lac désiré, mais presque tous ceux qui avaient habité les steppes du Don, de la Kouma, du Manitch, durent reprendre le chemin des campements abandonnés. »

. . . .

« La plupart des Kalmouks ne comprennent pas le russe; ils ont gardé leur costume, la houppelande, le bonnet fourré, la longue tresse de cheveux à la chinoise, et toutes les figures au nez aplati, aux pommettes hautes et saillantes, aux yeux petits et bridés, au teint jaunâtre témoignent de la pureté du sang mongol.

» Les Kalmouks sont peu délicats sur le choix de leur nourriture : » Dans la steppe, le hanneton même est gibier », dit un proverbe relatif à leur genre de vie. Mais la chair du mouton est leur viande préférée, et le gigot est le plat rituel lors de la célébration du mariage : l'os de ce premier repas est conservé dans la tente conjugale comme une chose sacrée. Dans les familles kalmoukes, le despotisme est moindre que dans celles des mahométans; l'usage ordonne même certaines pratiques chevaleresques envers les dames. Quand il invite une femme à danser, le Kalmouk doit se mettre à genoux, mais on dit que dans l'intérieur de la tente, les devoirs de politesse conjugale sont fréquemment oubliés. Dans la société politique, le despotisme est complet, mais l'esprit de l'ancienne indépendance survit dans quelques proverbes : « Le cyprès rompt et ne se courbe pas; — le » vaillant meurt et ne s'abaisse pas. »

» Les Kalmouks sont restés boudhistes. Çà et là sur leur territoire se dressent des pagodes et, dans leurs demeures, une étagère porte toujours des « moulins à prière » dont le ronflement continu ressemble à un murmure humain. Le gouvernement russe a bien pris soin de prévenir tout écart religieux qui ne serait pas compatible avec la fidélité due au tzar; c'est l'empereur lui-même qui, en confirmant le grand lama, se trouve être, en réalité, le représentant de Boudha sur la terre. Le genre de vie trace, entre les boudhistes nomades et les chrétiens sédentaires, une ligne de démarcation qui, de longtemps, ne pourra être franchie. A peine quelques centaines de Kalmouks se sont établis comme agriculteurs, résidants sur les terres de la steppe d'Astrakhan ; plus d'un millier de Kalmouks vivent d'agriculture dans la steppe du Don, mais tous les autres sont pêcheurs ou pasteurs nomades. Errant de pêcherie en pêcherie, de pâturage en pâturage, les Kalmouks pourraient à peine vivre s'ils n'avaient pour compagnons leurs animaux domestiques, et surtout les chameaux qui portent les enfants et les tentes. Arrivés au lieu de campement, ils bâtissent leurs *oulous*, ou villages temporaires, en quelques heures. Les pieux qui forment le squelette de la tente ou kibitka sont plantés, les nattes et les tissus de feutre se tendent à l'intérieur et à l'extérieur, un réseau de cordes les enveloppe, les animaux sont attachés à leurs piquets, et les femmes ont bientôt préparé les mets de laitage ou de viande. A trois mille kilomètres de distance et à deux ou trois siècles d'intervalle, rien ne semble changé entre la vie des Kalmouks du lac Balkach et celle des Kalmouks d'Astrakhan [2]. »

La navigation de la basse Volga est très active. Nous rencontrons de nombreux navires. Tout bateau portant du pétrole doit arborer un drapeau rouge indicateur.

Les commandants des vapeurs qui remontent le fleuve font savoir, par un drapeau blanc, qu'un matelot agite par bâbord ou tribord, le côté par lequel le navire qui descend doit passer, les manœuvres étant plus faciles à faire pour celui qui suit le courant.

Nous croisons un immense chaland qui a été construit spécialement pour transporter un extraordinaire chargement de planches. Sur le tout sont placées deux maisonnettes en bois, démontables, comme on les fait en Russie. Toutes les pièces sont numérotées, on peut les mettre sur une voiture ou dans un wagon et, arrivé à destination, remonter sa maison.

[2] E. Reclus, *Géog.*, t. V, pp. 766-770.

Mais, au loin, au-dessus des îlots, les cloches de la cathédrale d'Astrakhan apparaissent, puis ses coupoles vertes qui dominent toute la cité. A mesure que nous approchons du port, le fleuve devient très encombré de chalands et de bateaux au mouillage. On en compte jusqu'à douze bord à bord, et toutes les rives en sont garnies sur un développement considérable. Bien que chaque chaland n'ait qu'un mât, c'est, à une petite distance, une forêt qui s'offre aux yeux.

Une vie intense règne partout. Sur la rive droite, d'énormes tas de poisson séché sont couverts de planches en attendant le moment de l'expédition.

« La Volga, dit M. Reclus, est très riche en poissons, et des multitudes de pêcheurs vivent de leur capture. La basse Volga surtout est, pour ses riverains et pour la Russie toute entière, un immense réservoir d'alimentation. Chaque saison a son genre de pêche : filets et seines de toutes espèces, hameçons, dards, harpons et trappes, tels sont les engins dont on se sert suivant les temps et les proies à saisir; même en hiver, lorsque la glace recouvre la Volga de sa dalle épaisse, les pêcheurs percent des trous de distance en distance, et réussissent à s'emparer du poisson, grâce à leur connaissance de ses mœurs et de ses appétits.....

» Les appareils de pêche les plus bizarres de la Volga, d'ailleurs tout semblables à ceux qu'on voit dans le Bosphore et sur les côtes napolitaines de l'Adriatique, sont les échafaudages de perches, de planches, de toits branlants qui s'élèvent au-dessus des eaux, et sur lesquels veille le pêcheur, perché comme le héron sur ses longues pattes et regardant le flot.

» Dans les îlots du delta sont établis de nombreux ateliers où les poissons, apportés par barques pleines, sont découpés pour livrer les parties les plus délicates de leur chair et surtout les œufs, destinés à devenir du caviar et frais et salé.

» Le « poisson blanc » ou *belouga* et le sterlet, également de la famille des esturgeons, sont de tous les hôtes de la Volga les plus appréciés et ceux qui atteignent les plus fortes dimensions. Ils remontent les eaux en venant de la mer Caspienne leur patrie......

» Avant la construction des chemins de fer, les poissons blancs, pêchés dans les eaux de la Volga, étaient expédiés aux gourmets de Moscou et de Saint-Pétersbourg, en de grandes cuves où l'eau était journellement renouvelée par les nombreux moujiks accompagnant le convoi de poisson. Celui-ci arrivait ainsi frais à destination, mais le coût du transport avait élevé le prix de chaque sterlet à un millier de francs [1]. »

La flotte de commerce de la Volga compte huit cents navires.

Le paquebot stoppe. Il est trois heures et demie. Nous sommes au débarcadère de la compagnie Caucase et Mercure. Un bel arc de triomphe en bois y fut élevé en l'honneur de S. M. l'Empereur Alexandre II, lorsqu'il vint visiter Astrakhan.

M. Stéfanini a l'amabilité de me faire voir la ville qu'il connaît, et dans laquelle il pourra me guider en m'évitant des recherches que je n'aurais pas le temps de faire, devant me rembarquer le soir même pour continuer mon voyage. A Astrakhan, plus qu'ailleurs, on a beaucoup de difficultés pour se faire comprendre, si l'on ne parle pas la langue russe, et j'accepte avec reconnaissance cette offre si grâcieuse.

[1] E. Reclus, *Géog.*, t. V, pp. 668-669.

XXV

ASTRAKHAN

Au débarcadère, les droschkis sont à la disposition des voyageurs. Il n'y a pas de tarif, et il faut entrer en pourparlers avec l'izvostchik habitué à tromper les passagers qui ne connaissent pas les usages du pays. Nous nous rendons dans la ville par une plaine de sable mouvant, que l'on traverse sur deux ou trois cents mètres.

M. Girard de Rialle, directeur au Ministère des Affaires étrangères de France, fait la description suivante de la ville d'Astrakhan, dans *la Revue encyclopédique* du 1er décembre 1891 :

« Au xive siècle, Astrakhan n'était qu'un gros bourg tartar, Hadji-Tarkhan, qui fut détruit par Tamerlan, en 1395. Rebâtie sur son emplacement actuel, dans la partie supérieure du delta du Volga, sur une île en partie montueuse, en partie marécageuse, appelée l'île Longue (Dolgoï Ostrov), la nouvelle cité accrut rapidement son importance par sa flottille et par ses échanges avec les Russes, et lors du démembrement de l'empire du Kaptchak ou de la Horde-d'Or, en 1480, elle obtint le rang de capitale d'un khanat indépendant. Conquise une première fois par Ivan Vassiliévitch, en 1554, et une deuxième fois par les Cosaques du Don, en 1667, elle servit, en 1705, à Pierre Ier, de base d'opérations dans la guerre de Perse. Après, le grand tzar, Alexandre Ier et ses successeurs ont également favorisé sa prospérité.

» Astrakhan forme une oasis dans la steppe caspienne; son port est l'issue d'un territoire qui a trois fois la superficie de la France; une embouchure peu profonde et une barre en gênent malheureusement l'accès. La ville même qui comprend le Kremlin ou la forteresse, la Ville Blanche (Biéloï Gorod) et les faubourgs, présente divers aspects en parfait contraste. Les quartiers et les rues ont une physionomie tantôt européenne, tantôt asiatique, selon les races qui y ont élu domicile : Russes, Arméniens, Grecs, Persans, Hindous, Tartars, Turcomans, Kirghiz, Kalmouks. Ces derniers habitent, dans les faubourgs de l'est, des maisons de bois et des kibitkas. Somme toute, Astrakhan est une cité mal pavée, boueuse, sujette aux inondations. En compensation, elle possède un grand nombre de jardins en dedans et en dehors de sa périphérie. Ces jardins et les vignobles qui leur font suite procurent à la cité demi-orientale des fruits variés. Les canaux qui la traversent sont parsemés de barques.

» A part la vaste et belle cathédrale du Kremlin, édifice du xviie siècle, surmonté de cinq coupoles, aucun monument remarquable n'intéresse la curiosité dans la vieille ville.

» La Ville Blanche, plus moderne, aux rues régulières, aux maisons de pierre et de brique, charme par le pittoresque des costumes, des bazars ou khans et des édifices publics : nombreuses églises aux coupoles dorées, mosquées, pagode lamaïque, etc. »

Le Kremlin, que nous visitons en premier lieu, est construit dans cette plaine de sable que l'on trouve à la sortie du débarcadère. De très grosses et très fortes murailles crénelées, en parfait état, en forment l'enceinte. A l'intérieur de la forteresse sont édifiés : la cathédrale, l'hôpital et sa chapelle et divers pavillons de services administratifs. Nous visitons la cathédrale. Un grand perron y fait accéder. L'intérieur est très richement décoré. Quatre colonnes de grand diamètre supportent les voutes qui sont très élevées. Les murs et les piliers sont ornés de peintures à fresque de facture byzantine. Toute la haute muraille du chœur est recouverte entièrement de plusieurs rangées de tableaux ou icones, au nombre de cent quarante, représentant des sujets de l'ancien et du nouveau testament très bien exécutés. Les encadrements, tout historiés et du même style, étincellent sous la richesse des ors.

Nous pénétrons dans l'iconostase. C'est l'endroit sacré où s'accomplissent, en dehors de la vue des fidèles, les principales cérémonies du culte. Au centre est placé l'autel où le prêtre (pope) officie. A certains moments, les portes de l'iconostase sont ouvertes. Les vantaux sont toujours ornés, du côté de l'extérieur, d'icones représentant, à gauche et dans la partie supérieure, l'ange Gabriel, à droite, la sainte Vierge, au-dessous, les quatre évangélistes. Sur la muraille et du côté droit, Jésus est représenté ainsi que le patron de l'église, à gauche, la sainte Vierge avec l'enfant Jésus et un autre saint.

Deux portes donnent accès dans l'iconostase. Sur celle du nord est peint l'ange Gabriel et, sur celle du sud, l'archange saint Michel. Les églises orthodoxes grecques de Russie sont orientées à l'est. Un officier en armes ne peut pénétrer dans l'iconostase, et aucune femme ne peut en franchir le seuil.

Astrakan est une des villes où les écarts de température sont le plus à remarquer. Celle-ci passe de trente degrés centigrades au-dessous de zéro à quarante-cinq degrés au-dessus. En hiver, cette vaste église eut été trop froide, et l'on n'aurait pu parvenir à la chauffer; aussi, en a-t-on fait une souterraine de même surface, mais assez basse, dans laquelle il est possible de prier sans subir les atteintes du froid.

La population d'Astrakhan est de 71 000 habitants. Les rues de la ville sont larges et mal pavées. La vie extérieure est suspendue de midi à cinq heures par suite de la chaleur. Le thermomètre indique en ce moment 40 degrés centigrades. La cité reprend ensuite, jusqu'à deux heures du matin, toute son animation. Astrakhan est bloquée par les glaces pendant quatre ou cinq mois de l'année et est alors très triste. Les hôtels ne sont point bons, le commerçant du sud de la Russie n'attachant aucune importance au confort.

Une bourse a été construite depuis peu pour les négociants, mais ceux-ci n'ont point encore pris l'habitude de s'y réunir, et continuent à traiter leurs affaires dehors, même par le mauvais temps.

Il y a deux grands jardins publics dans l'intérieur de la ville. Dans un des faubourgs, le parc Arcadia avec ses belles verdures est un endroit très fréquenté. Un théâtre y est installé, un orchestre y donne des concerts. On y trouve aussi un restaurant bien tenu. Des tonnelles fleuries forment autant de salles vertes où il doit être agréable de se trouver en aimable société.

L'Asie envoie ses produits à Astrakhan. Le commerce du poisson et des fourrures notamment y est très important.

XXVI

D'ASTRAKHAN A MOSCOU

PAR TZARITZIN

Samedi, 27 juin.

Quatre grandes compagnies assurent le transport des voyageurs par la Volga, d'Astrahan à Nijni-Novgorod. La plus importante d'entre elles est la Compagnie Caucase et Mercure.

Les bateaux sont construits sur le modèle des grands navires américains qui naviguent sur le fleuve Saint-Laurent et les grands lacs.

Je prends passage sur le paquebot qui part ce soir à dix heures. C'est le *Tzaréwitch-Nicolaï*, un très beau navire dont l'installation est confortable, luxueuse même. Toutefois, selon les habitudes russes, bien que l'on passe à bord cinq ou six nuits, il n'y a point de couchettes à proprement parler, mais seulement des banquettes qui en font l'office. On doit avoir avec soi ses serviettes de toilette, son oreiller et ses draps. On s'étonne de cette imprévoyance à côté du luxe des salons. L'installation des passagers de première classe est placée au-dessus de celle des passagers de seconde classe qui est au niveau du pont. Un promenoir règne tout à l'entour. Le navire est éclairé à l'électricité dans toutes ses parties. La salle à manger est spacieuse et très bien meublée; on a ménagé un salon à une de ses extrémités.

J'ai le grand plaisir de rencontrer, sur *le Tzaréwitch-Nicolaï*, un compatriote, M. Appert, qui vient de descendre la Volga depuis Nijni-Novgorod et doit se rendre à Moscou par le chemin de fer de Tzaritzin. Le commandant du paquebot, à qui j'avais été présenté, lui a fait connaître que je devais suivre la même route que celle qu'il se proposait de faire et, très courtoisement, M. Appert vient engager la conversation. Je me trouvais un peu isolé au milieu de tous ces voyageurs ne parlant pas le français, et j'éprouve une grande satisfaction de cette heureuse circonstance.

Une famille tatare est venue à bord pour accompagner une jeune femme de quatorze ans environ dont le mariage a été célébré hier. Elle se rend avec son époux à Kazan. Elle est vêtue d'une robe de velours grenat, brodée d'or, et d'une basquine pareillement ornée. Les cheveux sont disposés en deux nattes très longues. Elle est coiffée d'une élégante toque, un peu haute, en velours également brodée de fleurettes d'or, posée légèrement sur le côté. Cette jeune mariée est parée de colliers de perles et de médailles d'or. Des bagues de turquoises sont passées à ses doigts. Les autres femmes portent des costumes analogues de diverses teintes. Le mari est revêtu du costume simple des tatars avec le bonnet de fourrure d'Astrakhan. Le tout est de couleur noire.

La cloche du départ vient de retentir. Le navire s'écarte lentement du quai, éclairé à l'électricité. Les passagers échangent des saluts et des souhaits avec leurs amis restés à terre. Nous voilà en marche et nous disons adieu à la ville d'Astrakhan, bâtie sur une grande étendue de la rive gauche de la Volga. Partout les lumières brillent dans l'obscurité et révèlent la vie.

Dimanche, 28 juin.

Le paquebot s'arrête à tous les villages pour effectuer le service de la poste, prendre et déposer des passagers. Le fleuve varie comme largeur, mais nous apercevons toujours distinctement les rives. Dans les steppes on voit, de temps en temps, de grands troupeaux.

La Volga, dont le cours est de 3 715 kilomètres, porte toujours son courant sur la rive droite et la ronge peu à peu. La rive gauche, au contraire, se couvre d'alluvions et, insensiblement, le lit du fleuve se déplace. La rive droite est escarpée et les principales villes de la Volga y ont été construites pour éviter les inondations périodiques qui se produisent dans les steppes de la rive gauche. Ces villes, pour s'être soustraites à ce dernier danger, ne pourront éviter de disparaître peu à peu par suite de la désagrégation du sol miné par les eaux. A certains moments, on aperçoit des bouquets de roseaux, puis de petites forêts, mais les rives de la Volga sont peu animées et peu attrayantes.

Les passagers du pont m'intéressent beaucoup par leurs physionomies et leurs costumes. Kirghiz, Tatars, Kalmouks, Turcomans offrent un tableau bizarre. Les Kirghiz notamment ont de riches ceintures d'acier ou d'argent niellées d'or, d'un travail très artistique. La valeur de ces objets varie de 60 à 500 francs selon le travail, l'or et les pierres qui y sont serties.

Ce n'est pas par économie que ces gens voyagent sur le pont : enfants de la steppe et habitués à camper, ils ne se trouveraient pas à leur aise dans le salon et manqueraient d'air.

Le service à bord est bien fait, et la nourriture est bonne. Les repas sont pris à la carte. C'est une affaire bien difficile, pour M. Appert et moi, d'obtenir ce que nous désirons, aucun servant ne comprenant le français.

Lundi, 29 juin.

Nous arrivons, vers trois heures du matin, à Tzaritzin (ville de la Reine). Le paquebot passe sur la rive gauche pour faire du naphte qu'il prend à des chalands-réservoirs, puis revient au débarcadère.

D'Astrakan à Tzaritzin, il y a 480 verstes, soit 512 kilomètres.

La ville est élevée sur le sable et n'offre aucun intérêt. Elle compte 12 000 âmes. On remarque quelques habitations agréables vis-à-vis du fleuve qui coule à une vingtaine de mètres en contre-bas.

Il est six heures quand nous nous rendons dans la ville, et des personnes sont encore couchées et endormies sur leurs balcons. Dans les rues même de la cité, on enfonce profondément dans le sable.

Nous allons à la gare pour prendre le train de Moscou et nous y retrouvons des officiers russes qui venaient de la province transcaspienne et qui étaient à bord du *Tzaréwitch-Nicolaï*.

La gare de Tzaritzin est bien édifiée et entourée de plantations d'arbres. Son trafic est important. On y a élevé de grands magasins, d'une architecture agréable, pour entreposer du blé. Des trains de wagons-citernes vont prendre le naphte apporté par les bateaux et le transportent dans les provinces éloignées. Les locomotives sont chauffées, en Russie, soit avec du naphte, soit avec du bois.

Dans les terrains que traverse la voie on ne remarque aucune colline.

Ce sont les steppes mornes et tristes qui forment une partie du sud de la Russie d'Europe. De loin en loin, on aperçoit un pauvre village. Quelques villes importantes sont sur le parcours. Près d'Alexikovo, nous sommes enveloppés par une trombe de sable qui, pendant six minutes, nous plonge dans une obscurité brune.

Mardi, 3o juin.

La gare de Griasy est belle. Le buffet est bien tenu. Griasy est le point de convergence de plusieurs lignes et présente, en raison de cette circonstance, une grande animation. Kozlow et Riasan sont de grandes stations. Nous traversons toujours des plaines sans limites. De temps en temps, quelques hameaux se révèlent par leurs toits de chaume très bas. Dans les endroits où l'on travaille la terre, les chemises rouges des moujiks font des taches écarlates sur la teinte fauve du sol.

Enfin, à six heures et demie, nous arrivons à Moscou (Moskova), la ville sainte, où deux mille clochers aux bulbes d'or sont surmontés de croix haubanées.

TABLE DES MATIÈRES

	PAGES
I. — De Marseille à Syra	7
II. — Syra	14
III. — Smyrne	17
IV. — De Smyrne à Constantinople	21
V. — Le Sélamlik	33
VI. — De Constantinople à Brousse	43
VII. — Brousse	47
VIII. — De Constantinople à Odessa	55
IX. — Odessa	59
X. — D'Odessa à Eupatoria	66
XI. — Eupatoria	70
XII. — Sébastopol	71
XIII. — Yalta Livadia	74
XIV. — Théodosie	77
XV. — Kertch	79
XVI. — De Kertch à Batoum	82
XVII. — Batoum	89
XVIII. — De Batoum à Tiflis	92
XIX. — Tiflis	97
XX. — Kodjori	113
XXI. — De Tiflis à Bakou	114
XXII. — Bakou	119
XXIII. — Le Naphte	129
XXIV. — De Bakou à Astrakhan	139
XXV. — Astrakhan	155
XVI. — D'Astrakhan à Moscou par Tzaritzin	158

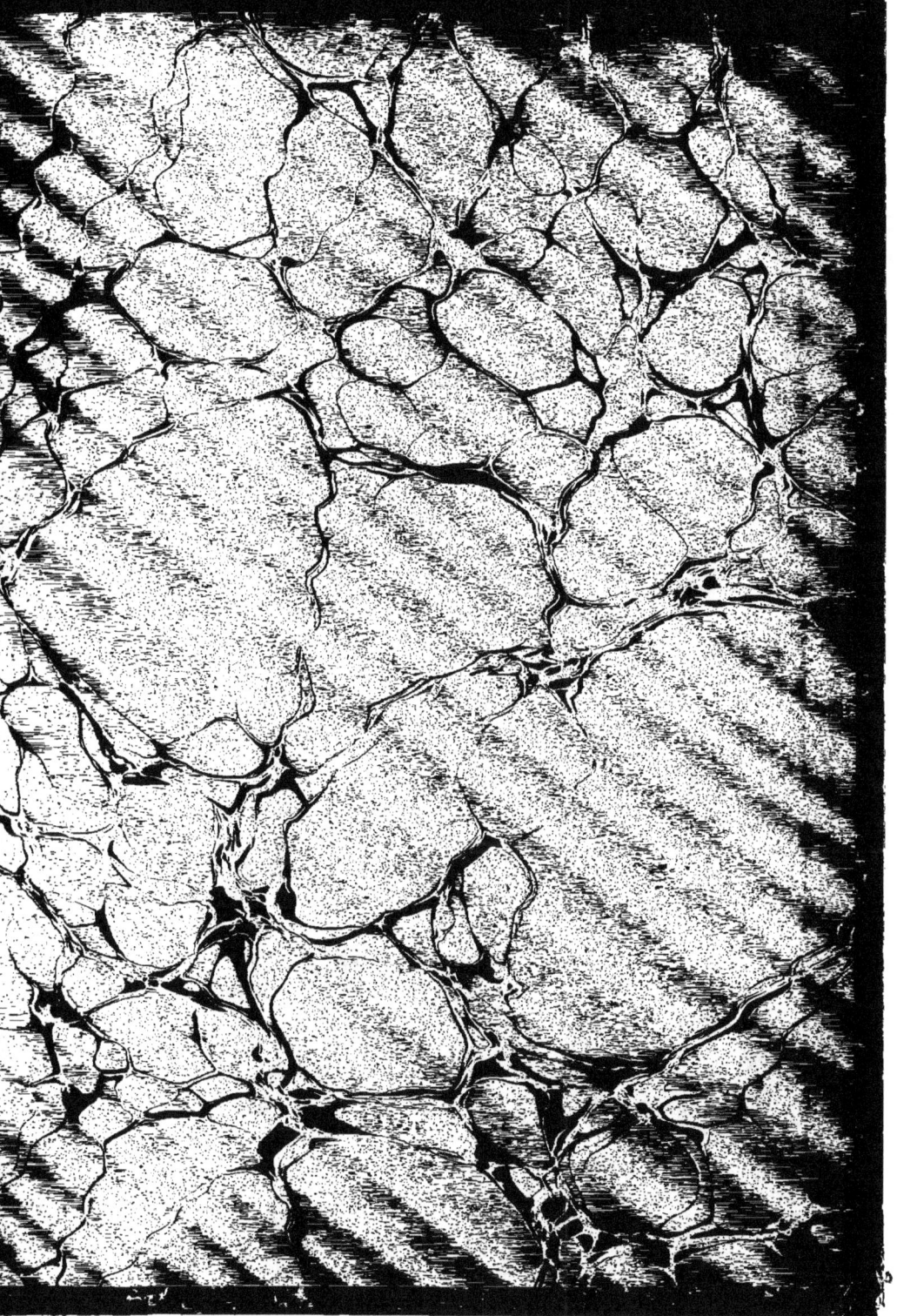

www.ingramcontent.com/pod-product-compliance
Lightning Source LLC
Chambersburg PA
CBHW060524090426
42735CB00011B/2360